中国社会科学院创新工程学术出版资助项目

品/牌/管/理/与/建/设/经/典/译/丛

总主编：杨世伟

U0681449

品牌与人才

[美]凯文·基奥恩（Kevin Keohane）/著

王 立 /译

BRAND
AND
TALENT

经济管理出版社

ECONOMY & MANAGEMENT PUBLISHING HOUSE

北京市版权局著作权合同登记：图字：01-2016-0853

BRAND AND TALENT by KEVIN KEOHANE

Copyright：© Kevin Keohane 2014

This edition arranged with KOGAN PAGE PUBLISHERS through Big Apple Agency，Inc.，Labuan，Malaysia.

Simplified Chinese edition copyright：© 2016 ECONOMY & MANAGEMENT PUBLISHING HOUSE

All rights reserved.

图书在版编目（CIP）数据

品牌与人才/（美）基奥恩（Keohane，K.）著；王立译. —北京：经济管理出版社，2016.7
（品牌管理与建设经典译丛）
ISBN 978-7-5096-4253-5

Ⅰ.①品… Ⅱ.①基… ②王… Ⅲ.①品牌—企业管理—研究 Ⅳ.①F273.2

中国版本图书馆 CIP 数据核字（2016）第 037360 号

组稿编辑：梁植睿
责任编辑：梁植睿
责任印制：黄章平
责任校对：雨　千

出版发行：经济管理出版社
　　　　　（北京市海淀区北蜂窝 8 号中雅大厦 11 层　100038）
网　　址：www.E-mp.com.cn
电　　话：（010）51915602
印　　刷：三河市延风印装有限公司
经　　销：新华书店
开　　本：720mm×1000mm/16
印　　张：15
字　　数：202 千字
版　　次：2016 年 7 月第 1 版　2016 年 7 月第 1 次印刷
书　　号：ISBN 978-7-5096-4253-5
定　　价：58.00 元

序 言

　　品牌是企业生存和发展的灵魂，品牌建设是一个企业进行长期积淀、文化积累和品质提升的过程。一个成功的品牌需要经历品牌管理和建设，品牌建设包括品牌定位、品牌规划、品牌形象、品牌扩张等。改革开放30多年来，中国经济实现了跨越式发展，已经成为世界第二大经济体，截至2014年已有220多种工业品产量居世界第一位，制造业净出口连续多年居世界第一位，中国已是一个名副其实的制造大国。但是，与我国经济发展的速度和规模相比较，企业品牌建设明显滞后，已经成为我国产业进一步提高竞争力的"瓶颈"。

　　在中国制造快速崛起的背后，却是中国品牌严重缺失的现实。在世界品牌实验室（World Brand Lab）发布的2014年世界品牌500强排行榜中，美国占据227席，仍然是当之无愧的品牌强国；法国以44个品牌位居第二；英国以42个品牌位居第三。入选品牌数量位于前十名的国家还有日本（39个）、中国（29个）、德国（23个）、瑞士（21个）、意大利（18个）、荷兰（8个）和瑞典（7个）。从这些数据可以看出，美国品牌数量在世界品牌500强中占据了45.4%，中国只占5.8%，而中国制造业增加值在世界占比已达到20.8%。由此可以看出，中国还是一个品牌弱国，中国在品牌建设与管理的道路上还有很长的路要走，有大量的工作要做。

　　中国企业从20世纪80年代中期开始了品牌建设的实践。1984年11月，双星集团（前身为青岛橡胶九厂）时任党委书记汪海举行了新闻发布会，这成为国有企业中第一个以企业名义召开的新闻发布会，集团给到会记者每人发了一双高档旅游鞋和几十元红包，这在当时是前所未有的。此事件之后，"双星"品牌红遍全国。1985年12月，海尔集团的前身——青岛冰箱总厂的张瑞敏"砸冰箱"事件，代表了中国企业开始有了自觉树立品牌的质量意识。从那时起，海尔逐渐通过品牌建设实现了全球的本土化生产。据世界权威市场调查机构欧睿国际（Euromonitor）发布的2014年全球大型家用电器调查数据显示，海尔大型家用电器品牌零售量占全球市场的10.2%，位居全球第一，这是海尔大型家电零售量第六次蝉联全球第一，占比更首次突破两位数。同时，海尔冰箱、洗衣机、冷柜、酒柜的全球品牌份额均继续蝉联全球第一。

进入21世纪后，中国企业在品牌建设上做了诸多尝试。以联想集团收购IBM-PC品牌、吉利汽车集团收购沃尔沃品牌为标志，开始了中国企业收购国外品牌的过程。这说明中国的经济实力在增强，中国的企业在壮大，同时也说明了中国的品牌实力在增强，经历着从无到有、由小到大的过程。

2011年，《国民经济和社会发展第十二个五年规划纲要》提出了"推动自主品牌建设，提升品牌价值和效应，加快发展拥有国际知名品牌和国际竞争力的大型企业"的要求。为贯彻落实这个规划精神，工信部、国资委、商务部、农业部、国家质检总局、国家工商总局等部门分别从不同的角度发布了一系列品牌建设的指导意见。工信部、国家发改委等七部委于2011年7月联合发布了《关于加快我国工业企业品牌建设的指导意见》，为工业企业品牌建设引领了方向并提供了政策支撑。国家质检总局于2011年8月发布了《关于加强品牌建设的指导意见》，明确了加强品牌建设的指导思想和基本原则、重点领域、主要措施和组织实施。国务院国有资产监督管理委员会于2011年9月发布了《关于开展委管协会品牌建设工作的指导意见》，为委管协会品牌建设工作明确了方向。这一系列相关政策的发布，对中国品牌建设在政策层面上给予了保障，为全面加强中国品牌建设、实施品牌强国战略、加快培育一批拥有知识产权和质量竞争力的知名品牌明确了原则和方向。

中国经济步入新常态，表现为经济相对稳定、增长速度适宜、结构优化、社会和谐，经济发展条件和环境发生诸多重大转变，与传统不平衡、不协调、不可持续的粗放增长模式有着本质区别，意味着中国经济已进入一个与过去 30 多年高速增长期不同的新阶段。因此，我们需要认识新常态下的新趋势、新特征、新动力，创新驱动成为经济的重要引擎，加强品牌管理和品牌建设将成为新常态下企业发展的重要举措。

为了推进中国品牌管理和品牌建设工作，借鉴发达国家的品牌管理理论研究和品牌管理实践，中国企业管理研究会品牌专业委员会组织国内专家学者翻译了一批品牌管理和品牌建设相关著作，愿本套丛书的出版能为中国的品牌管理和品牌建设提供有价值的思想、理念和方法。翻译是一项繁重的工作，在此对参与翻译的专家学者表示感谢，但囿于水平、能力，加之时间紧迫，如有不足之处，希望国内外专家学者批评指正。

丛书总主编　**杨世伟**

译者序

当今，在企业人才管理过程中，如何发掘人才的更高实用潜能，对人才实施品牌化管理已成为企业界在人力资源战略管理方面的首要目标。

本书先由品牌的价值、定位、溢价与挑战等方面引出 CLC 的参与模型，进而得出企业需要建立 HR EVP 框架的现实意义。由此引出本书的核心理念——"P–A–S–P"这个概念模型。最后从实证的角度，通过洞察力访谈，主要就与品牌相关的各个方面，分别采访了不同行业的领军人物和全球知名企业高管，结合品牌在当今社会中的成功运用，集中论证了品牌与人才管理的七大方面要素。

通过对人才建设、人才发展等理论的回顾与梳理，可以发现在理论界和学术界对于人才的品牌管理含义的见解并未达成一致的共识，也未能引起足够的重视。"千里之行，始于足下"，只有深刻、正确地理解人才与品牌的关系，才能使人才的品牌管理理论得到更长足的发展，也才能更好地指导企业选择和实施人才战略，进而通过真正科学的人才管理创造出更多的现实价值，而这也正是翻译本书的初衷。

与以往人才的品牌管理领域的著作相比，本书的鲜明特色和重要价值主要体现在以下几方面：

（1）企业从战略决策层面整合品牌和人才管理，并使其渗透到企业运作的各个环节，成为企业创新和增长的又一关键驱动力。领先的组织通过将品牌和人才一起经营，以达到最大的企业影响力。

（2）本书不仅对人才的品牌含义的起源、内涵与发展等已有观点进行系统整合，还将理论知识贯穿于人才的品牌管理实践中，有助于读者更好地运用理论指导实践。

（3）品牌和人才是一个硬币的两面，特别是在服务业，人才品牌、雇主品牌联系在一起，企业的人才就是该企业在市场上品牌的一部分。

本书发挥了承上启下的作用：既是对已有研究结论的回顾与整合，又为人才的品牌管理的学术发展提供了新的理论支撑和研究视角。

为了使这本有关人才的品牌管理领域的优秀著作早日面世，为相关学术研究提供新的视野，也为我国人才的品牌管理实践提供有益启发，在翻译过程中参考了国内有关译著和教材，尽量使用学术界通用的相关专用词汇，尽可能形成人才的品牌管理领域专业术语的规范表达，以期提高翻译质量。但由于本书包含部分语义学里的隐喻表述以及翻译时间紧迫等因素，翻译过程虽然花费了大量的时间和精力，但毕竟本人学术见识有限，难免存在不当之处，敬请各位读者和同人不吝赐教。同时，也要衷心地感谢经济管理出版社的宋娜副主任和梁植睿编辑给予的鼓励和帮助。

王　立

2016 年 3 月

这本书献给那些我有幸一起工作的客户们。没有我们在现实世界历经（而不是那些信息网络中的讨论）的风险、成功和失败，这些页面将会是空白的——或者更糟糕，基于别人的"最佳实践"理论将会束之高阁。感谢大家相信这些原本为空白纸张的力量。

作者简介

　　凯文·基奥恩（Kevin Keohane）是唯一一个致力于为品牌管理和人才管理的交叉领域提建议的人——他的事业见证了他在全世界范围内的生活和工作，跨越市场营销、公共关系、品牌、变革管理、员工沟通和人力资源咨询等领域。

　　从北美到澳大利亚，再到斯堪的纳维亚半岛和欧洲的生活和工作点燃了他对跨文化交流和全球化的兴趣。出于对品牌、人才和企业发展这个复杂的自适应系统的热爱，如果他有"特定目标"的话，那就是要废除阻碍企业实现远大抱负的那些"一英里深、一英寸宽"的功能性思维。

　　不久前，作为伦敦/纽约的品牌派（BrandPie）合伙人的凯文领导代理团队支持安永（EY，原称 Ernst & Young）的全球重新定位工作。他与其首席执行官和跨国董事密切合作，帮助他们在全球和本地市场更为有效地明确表达自己的品牌。先前他为阳狮集团（Publicis Groupe）①命名、构建并领导全球"品牌和人才"的实践。

　　凯文也曾在员工参与和雇主品牌的领域里工作，为领导 BP、可口可乐欧洲公司（你的秘密准则是什么）、可口可乐大中华公司以及可口可乐旗下企业（雪碧）表达职业价值建议做出了努力。他帮助安永发展了相当成功的终生职业价值主张——无论你何时加入安永，停留多久，这段独特经历将会伴随你的一生。他

---

　　① 阳狮集团（Publicis Groupe），是法国最大的广告与传播集团，创建于 1926 年，总部位于法国巴黎（译者注，以下若无特别说明，均为译者所注）。

的其他雇主品牌和员工参与经验跨越了一系列企业，包括安理国际律师事务所（Allen & Overy）、美国运通（American Express）、巴克莱集团（Barclays to BP）、凯捷（Capgemini）、卡冯—维尔豪斯（Carphone Warehouse）、安永（EY）、盖茨公司（The Gates Corporation）、凯洛格公司（Kellogg's）①、玛氏公司（Mars）②、诺基亚（Nokia）、橙子（Orange）公司③、毕马威（KPMG）、沃达丰（Vodafone）以及许多其他企业。

凯文是一位普通的会议发言人，曾在行业媒体上广泛撰写了关于品牌、人才和员工参与的文章。他为《员工沟通 Gower 手册》撰写"良好的员工参与"的章节，他也是《人才之旅：55分钟引导员工沟通》（*The Talent Journey：The 55-minute Guide to Employee Communications*）这本畅销书的作者。他参与共同创立了内部标杆管理论坛（Intranet Benchmarking Forum，IBF），并发展了核心方法，且创立了英国用户体验专家协会（凯文担任其第一任主席）。

作为一个丹佛大学和乔治城大学研究所的政治新闻系毕业生，凯文也是内部通信学会（Institute of Internal Communications，IoIC）会员和 IABC 所认可的业务沟通员（Accredited Business Communicator，ABC）。他的工作为他赢得了无数的奖项（如果他还记得这些奖项都放在哪儿的话）。

如果不做品牌与人才的相关研究，凯文就是一位音乐家、狂热的自行车迷和健身狂。他与他的妻子妮基（Nicky）以及他们的孟买猫 Barbarella 在伦敦建立了自己的家。

在 LinkedIn（领英）上，你可以随时联系到他。

---

① 凯洛格公司（Kellogg's）是一家美国公司，是谷物质方便食品及其他食品的主要生产商。总部设在密歇根州巴特克里。1900年由凯洛格兄弟所创立。
② 玛氏公司（Mars）由弗兰克·马斯创立于1911年，是全球重要的巧克力生产厂商，糖果巧克力产品和宠物类产品销量分别居全球同类产品首位。
③ Orange 公司是一家法国电信运营商，1994年，该公司正式步入英国市场。1996年，公司正式在伦敦股票交易所上市，并于同年4月2日正式登陆纳斯达克证券交易所。

前 言

　　许多企业领导忘记了品牌管理和人才管理的力量，它们二者是创新和企业成长的关键驱动力。有些人确实了解它们各自对企业的影响。但正如本书所指出的那样，领先的企业发现品牌与人才可以一起经营，以达到对企业的更大影响。

　　我一直认为，品牌与人才是一个硬币的两面。明智的企业，特别是在服务业，已经意识到人才就是它们在市场上的品牌。这本书清晰地阐述了最佳的发展事项就是人才的发展事项。

　　在安永，我们将品牌、雇主品牌、人力资源和员工参与联系在一起的好处将在本书中被清晰地阐述出来。在 2011 年，我开始向企业证明，不仅在员工参与和我们的品牌在市场上如何被认同之间存在直接相关性，在我们的员工参与和保留员工水平以及个人收入之间也具有直接相关性。在我们的"业务联动调查"中，我们发现提高员工参与对品牌形象有积极影响。我们通过比较调查的参与指数和调查的品牌好感度指数得出了这个结论。我们清楚地表明，增长的参与度会影响招聘成本——在参与度最高和最低的企业单位间，保留率有相当大的变化。我们还揭示了员工参与和个人收入之间的联系，在最高参与度和最低参与度的企业单位之间，参与度差距与数千万美元的收入差距一致。

　　我们得到了企业的关注。

　　员工参与程度——在他们的职业生涯之前、之中甚至是之后——都有助于企业发展，在这个复杂多变的全球化商业世界中，员工参与有助于提高我们的竞争优势。如今，在安永这已经被广泛接受。

我们的职业价值观已经变为"无论你何时加入安永，停留多久，这段特别的经历将伴随你的一生"。这不仅适用于目前在安永工作的 17.5 万名员工，也适用于业内的 100 万名左右的"品牌大使"（那些曾经在安永工作过的人）。

由于这种规模的人才议程直接与品牌相连接，其在企业成长方面的潜力几乎是无限的。

我们的经营目标是建设一个更美好的工作环境，完美地阐明我们存在的原因。这是一个从内而外产生的想法，由我们全世界各地的客户和利益相关者共同验证，并确保我们永远不会失去在更高意义上推动我们个人和企业的目标。建设一个更美好的工作环境是我们的工作：为了我们的客户、我们的员工以及我们生活和工作的世界。

这有助于明晰我们每天所说的和所做的之间的联系。我们现在不只是以一种完全不同的方式来思考品牌与人才，而且将这种新的思维方式运用到管理我们的整个企业当中。

总之，我们已经开始连接人才建议和品牌建议。这种更加和谐的方法在企业内部和外部取得了良好的共鸣，我希望我们的例子，这本书，将有助于其他企业实现品牌与人才共同的力量。

Mike Cullen，安永公司全球员工领导者

原书序言

当亨利·福特 (Henry Ford) 开始给人们设计生产他们想要的任何颜色的 T 型小汽车时 (之前它们都是黑色的), 他创立了这个企业, 为人们生产 T 型小汽车。他知道在他掌握的技术和劳动力的基础上, 制造一辆汽车最有效率的方式就是将这项任务分解成不同的步骤。

他创造了流水线: 每个工人有一个与自己制造的汽车的零件相关的特定任务, 并且按照一个有效的次序排列。工人被训练就做一件事, 在受最少监督的情况下把这一件事做得很好, 并快速地做完。他们会因此得到相应的激励和奖励。

使福特采用这种方法的有可能正是泰勒 (Frederick Winslow Taylor) 率先提出的 "科学管理" 的方法。泰勒被认为是我们如今所承认的管理咨询的创始人, 他对企业的高效管理持有明确且非常有影响力的意见:

只有通过强制标准化的方法, 强制最佳实施和工作条件的实现, 并加强合作, 才能确保工作更快地进行。加强标准的实施和合作的义务取决于管理。[1]

如今, 我们组织企业的方式发生了令人吃惊的细微变化。现代管理咨询技术涉及分析和过程改进, 是一个价值数百亿美元的产业。

有一点要说明, 坚持这些旧的管理模式很快就会比采取措施改进它们更有风险。Dan Pink 在他的书《驱动力》(*Drive*) 中作了这样的观察: 泰勒的激励方式和管理方法重复起来更有效率, 正如 Dan Pink 称呼它们为 "算法", 任务如下:

---

[1] Taylor, F W (1911) *The Principles of Scientific Management*, Harper & Brothers, New York

一个算法的任务是你遵循一套既定的指令，沿着单一途径得到结论。[1]

但是 Dan Pink 指出，许多关于激励的研究清楚地表明，当涉及更具创造性或解决（启发式）问题的任务时，这种方法不仅是无效的，更是低产的。总而言之，当员工以这种恩威并施的方法被管理和激励时，他们往往表现得更糟。

福特当时面临着一个在本质上与如今的首席执行官非常类似的挑战：技能人才短缺；员工交流和协作受限制；利润最大化时的企业发展；复杂且成本高昂的供应链。[2]

现代企业的组织形式在超过 50 年的时间里很大程度上保持不变。那么，自从 T 型小汽车在 1908 年 10 月从生产线撤下，什么发生了改变呢？答案很简短：人才、信息和交流作为独立结构出现，这也是企业独立板块的特点。

在我 25 年的品牌、营销、公关、人力资源和内部交流这些相关职能部门的工作中，单一的流行主题——失败、重复、浪费、低效率和浪费机会的流行来源都是企业独立板块。

专家们开始了这种独立板块行为。这就是麻烦产生的地方。我不是说我们不需要专家。他们是关键性的。

发展一套专业技能和能够胜任现代市场竞争的技能变得明智和具有价值。我们已经从专家的时代转换到了一个只有专家技能必要的时代，但不足以推动现代企业的发展。我喜欢称之为"T"——专家们"一英里深，一英寸宽"的技能正在下降，而通才们"一英寸深，一英里宽"的技能正在发展。

因此，这不是一本关于激进的企业设计创新的书。相反，这是一本着眼于整合一些与未来企业成功的核心密切相关的学科的书。这些相关学科提供了一个清晰的机会，把旧世界的专家独立板块整合为一个更有效的整体。

这不是一本关于品牌的书。这不是一本关于人力资源、员工参与或人才管理的书。

---

① Pink, D (2011) *Drive: The Surprising Truth about What Motivates Us*, Canongate Books, New York
② Case, G et al (2007) *Service Management Strategies That Work: Guidance for Executives*, Van Haren Publishing, Amersfoort, The Netherlands

　　这是一本关于在战略决定层面整合品牌和人才管理，使其渗透到企业运作的各个层面的书。本书的内容是整合如何用一个强大的方式来提高构建和维护企业内外声誉的效果和效率，使你在执行战略时更有利可图，生产率更高，更有助于实现你的目标。

致 谢

感谢那些在本书的撰写过程中向我提供帮助的人们（排名不分先后）：

我的妻子 Nicky，当我本应该陪伴她（和我们的猫 Bella）的时候，她却因工作陪我在工作室里度过了许多个周末和夜晚。

BrandPie 里的 Dave Allen 和 Roger Partington 坚定的信念和支持。

Dan Gray，我大多时候的合作伙伴。

Jeremy Sice，给了我很多其他人提供不了的帮助。

CommScrum 运动及其创始人（Dan，Lindsay 和 Mike），没有让细节影响良好的整体。

Lanny，Daylon，Laura，Wendie 以及 Capgemini 的团队，他们充满了乐趣和挑战性。

Barbara Davies 和安永其他的数百人让我们保持警惕，同时保持信仰。

我信赖的研究员——Hannah Stuart-Leach，把随机问题和思考转化为 10 页的研究报告对他来说似乎毫不费力。

在本书中慷慨献出自己的时间谈论想法的企业高管：Bob Benson，Beth Brooke，Mike Cullen，Dave Coplin，S P Shukla，Michael Sneed，Mark Weinberger 和 Richard Burton（不幸的是，手稿被一只已经成为笑料的狗吃掉了）。

目　录

导　论

品牌与人才

当你在为企业追求实际的、可衡量的发展进步时，品牌管理和人才管理方法是最强有力的杠杆。

品牌管理有助于确保人们了解你，知道你可以为他们做什么，以及为什么他们应该考虑你并从你这里购买产品。它让你明确地知道应该追求和避免哪些东西，它会引导你做出一些最重要的战略决策。比如对于首席执行官而言，你能列举出还有什么比他或她的公司的声誉更重要的吗？

人才管理可以帮助你确保在开始的时候董事会里都是正确的人，然后创造一个环境，使他们可以做出更多的贡献，使你的企业得以兑现承诺。比如对于首席执行官而言，还有什么是比能够帮助企业成长的人才更重要的吗？

品牌管理与人才管理有可能排在前五位；根据麦肯锡（McKinsey）、普华永道（PWC）和波士顿咨询公司（BCG）最近的调查，有一些甚至可能排在前三位。但两者有着千丝万缕的联系——如今，许多董事会、首席执行官和战略家都会忽视这一事实。

为什么这么多企业在管理这些企业发展的驱动因素时如此低效率，好像它们完全就是不同的东西？本书试图回答这个问题，并为不同的（完整的）管理方法做出方案，使企业吸引、招聘、发展并激励员工来让企业成长，同时生产出可靠的、与顾客相关的、与竞争者不同的产品或服务——对于企业和员工都是如此。这听起来疯狂吗？

对一些人来说，这可能听起来有些疯狂。五年前，当我开始产生"品牌与人才"这个想法时，在全球最大的通信网络中的实践领域，我遇到了令人惊讶的阻力。他们没有领会它。品牌？它有关外部定位、商标、公关和广告宣传、声誉管理、社交媒体。人才？它有关招聘、员工沟通、人力资源。"它们还无法被联系到一起。它会混淆市场。"

为了编写这本致力于将几个相关学科进行整合并做出方案的书，最有力的挑战之一就是研究这些学科（无论难易程度）。品牌？在市场上关于如何定义、创建、激活、维护、保护和发展品牌的内容有很多。人才？关于人才招聘、人才管理、员工参与、激励机制和如何通过人力资源技术使人才被充分利用的内容甚至更多。

但是品牌与人才呢？公平地说，"雇主品牌"的世界已经初具轮廓，并生出"让品牌活起来"的想法，总的来说这些仍然是旨在应对不同的挑战而产生的单独的活动。虽然有迹象表明，有一些企业和服务提供商将雇主品牌和让品牌活起来的员工参与的品牌活动连接起来，它们还是远没有达到和谐或是息息相关——无论是在交流、操作过程中还是在管理层面上。想要找到一个品牌、雇主品牌、人力资源和员工参与真正被连接并作为一个单一的整合过程而被管理的例子，几乎是不可能的。

但潮流正在转向。现在不合理的（但一度被视为特别明智的）有关品牌管理和人才管理活动的单独功能已经达到了其实用性的极限。明智的企业明白存在更好的方法——当涉及专注和认清动态的内部、外部环境时，一个核心思想要比许多思想好得多。

重要的是，本书的前两章涵盖了一些比较传统的品牌管理和人才参与的方法。对于大多数专家来讲，这些章节可能不会告诉你那些原来你不知道的事情。这听起来可能会有点做作。那些专家类型的读者，可以直接跳到第三章，我们在 BrandPie 开发的方法将会在这里进行探索和解释。这是一个强大的模型，我们以及面临着重要的重新定位机会的企业，比如安永（EY，原称 Ernst & Young）、北美的凯捷（Capgemini）等，已经成功地使用它。

本书框架

请注意：本书有很多短篇章节，这是有意为之的。我希望我的大部分读者都是很繁忙的商业人士，他们可能不会在很少的休息时间里从头到尾地阅读，而是更倾向于在会议的间隙、出租车上或是飞机上获取信息。这个想法与我的书《人才之旅：55 分钟引导员工沟通》中所采取的方法类似。你会发现那里的一些想法也出现在这本书里。我喜欢短小精悍，直击重点。

也许具有讽刺意味的是，这一话题中最好的方法是把它们拆分成碎片，在把它们合并到一起之前，先把它们分开（泰勒会骄傲的）。只有这样，才能为管理品牌与人才创造更为完整的方法。

所以，首先，这本书将带你领略品牌的原则和理论。尽管关于品牌的书籍有很多，我们将以一个非常务实的方法来定义、构建和部署你的品牌。这不是主导上一代的品牌方法（一个品牌模型、品牌价值、品牌属性和品牌本质的世界）——虽然仍然会触及这些。它们都有自己的地位，但对提高效率无益——弱化品牌管理和人才管理的功能划分。

其次，我们将体会人才的原则。我们将从人才招聘开始，再以较高的眼光关注人才管理和员工参与的讨论，这与品牌和业务绩效有联系。本书将不会有对绩效管理和能力框架的细节的深入研究，尽管会触及这些及其他问题。同时，我们也会得到经常"着重于结果的方法"通常只会加深功能划分并且降低企业的效率这个结论。

再次，我们将品牌和人才连接起来，并探索它们为何是一枚硬币的两面。你将要选择模板、工具和技术来管理这个供你考虑、适应、修改和使用的过程。这些是我在现实生活中和顾客使用的许多工具。如果被有效使用的话，它们可以对人们支持"品牌与人才"的思维方式产生影响。

最后，在我看来最重要的是，在这一领域有一些世界领先的思想家的访谈——每一个角色都从不同的角度看待这个挑战：首席执行官、首席媒体官、公司事务人、领导、行政人员等。现实生活中的观点均验证了这本书中的观点。

它不复杂，它只是很难

说"软的东西是硬的东西"类似于陈词滥调。真正的挑战既不在于品牌管理的职能方面，也不在于员工参与和人力资源以及人才管理的准则方面，而是在于拥有明确的目标、侧重点、准则以及意志力来采取必要的步骤，使这些功能活动以一个更加巩固和连贯的方式进行。这意味着颠覆传统功能。如果你对此没有兴趣的话，你可能现在就想停止阅读这本书了。

参与过全球各地一系列企业的几十个项目后，跨越工业、文化、地理、管理方式和经济情况诸多领域，20多年来，我不想显得愤世嫉俗。但有一点是肯定的：大多数企业内外的参与者实现企业的目的、抱负、战略和品牌传播的努力没有实现，是因为陈旧的、功能驱动的思考方式。整体的、针对性的高级思维的不可抗力量将会碰触哪些领域，这一功能性思维的坚定目标是重要的且是需要维护的。

企业独立板块是有生命力的、健康的。它植根于深处，并且经常被长而锋利的刺保护着。它的头部被塑造来提供观点，这个观点深深偏向它观察和理解世界的方式——一种它认识世界的方式。它感觉到的脆弱和不安促使其走进灯火通明的并且达到可怕水平的运动场，那就是整体情况。

独立板块总是承诺与其他独立板块合作。它使你确认它是跨功能合作的，它被用来咨询和共享信息。当你问它是否考虑了整体情况，它点头。不要相信它。

　　无论是轻轻地引导它走到"水边"，还是强迫它通过正式的重组"喝水"，本书为采取一个更综合的方法来进行品牌与人才管理构建了一种情况，它的最终结论是，不仅是对于你思考品牌与人才的方式，更是对于你管理企业和战略的方式，都能够并应该产生变化。在这样做时，你的企业和员工应该获得更有效率、有凝聚力的好处，最重要的是大大简化了连接员工和提供服务的方法。

第一章

关于品牌

"品牌仅仅存在于顾客的意识中。"

(David Ogilvy)

一、背景设置

你的品牌就是你的声誉。它就是如此简单。

当某个人听到或看到你的名字时，会有什么想法？他们认得吗？他们有正面或负面的反应吗？关于你是谁，你代表什么，他们对此会有一个明确的想法吗？

本节对品牌的发展史进行简要的陈述以便建立一些背景内容，并回顾了你可能会遇到的流行的品牌发展和管理技术。但更重要的是，它为日后以一种更加明确、简单、降低传统品牌方法的复杂性（大量的跨独立板块重复和冗余）的方式探索一个更综合的管理品牌方法奠定了基础。

二、品牌的历史简述

起初，人们为什么开始进行品牌的实践？

为了确保诚实，提供质量保证，识别来源或所有权，承担生产者责任，用于区分，作为一种身份证明的形式并且建立情感联系。有趣的是，如今，人们依然因为很多相同的原因认可品牌的价值。显然，历史在现代品牌上具有洞察力和远见（见表 1-1）。[1]

表 1-1 品牌的历史简述

日　期	事　件
公元前 1300 年	品牌可以追溯到多久以前？至少 5000 年前 ● 在中国、古埃及、古罗马和古印度，制陶工人的标志被用在陶器和瓷器上 ● 牛和家畜的品牌追溯到公元前 2000 年 ● 考古学家发现可以追溯到公元前 3000 年的古巴比伦，那里有广告的证据①
19 世纪和 19 世纪 90 年代	● "摊贩"的兴起，是销售人员和广告狂人先驱混合后的结果② ● 在 19 世纪末，邮政目录的发明、铁路运输的进步和邮政服务的扩展等一系列新型交流技术和方法的兴起，使人们对于商品和采购的态度发生了巨大的转变③ ● 1876 年，英国通过《贸易标记登记法案》（Trade Mark Registration Act）后，巴斯啤酒（Bass Ale）成为世界第一大商标品牌
20 世纪 30 年代	● 1931 年，宝洁（P&G）的广告人 Neil McElroy 发布了至今还很著名的备忘录——解释了为什么宝洁的每个产品都应该有一个品牌团队，也为现代品牌管理发展铺平了道路④
20 世纪 40 年代	● "独特的销售建议"（USP）这一概念产生了——从好彩香烟⑤的"吸好彩而不是吃糖可以有助于减肥"⑥到 IBM 公司的 Think 活动
20 世纪五六十 年代	● 汰渍（Tide）、卡夫（Kraft）和立顿（Lipton）等品牌为消费品牌设定基准。这标志着几乎 50 年的市场营销的开始，这里的"赢"被理解为比你的竞争对手更好地了解顾客，并且获得"品牌组合"的权利。品牌组合不仅是一个商标或产品价格，它同时也是包装、促销和广告，这一切都被精确的语言定位陈述所引导⑦ ● 到了 60 年代中期我们进入"狂人"的时代，我们看到大品牌变得不再仅是一个产品，从哈雷·戴维森（Harley Davison）到阿迪达斯（Adidas），再到奔驰（Mercedes），它们成为了反文化的信徒或是理想地位的象征，伴随品牌出售虚构文化已经变得十分普遍⑧
20 世纪 80 年代	● 社会开始质疑品牌；广告用语问题——比如耐克（Nike）的商业实践就被质疑了；还有 Calvin Klein 对模特的处理；以及其他无数的例子⑨
20 世纪 90 年代 初期	● 商品化导致了对真实的追求：大型零售商一个接一个开始意识到，他们也有机会玩好品牌游戏，并且通过销售更多质量更好的品牌产品，他们不仅可以大大提高利润，也可以从整体提高自身品牌的形象和声誉⑩
21 世纪	● 英国零售业是零售品牌的开拓者——也因此有着不同于其他地方的结果。在 20 世纪八九十年代，像特易购（Tesco）、韦特罗斯超市（Waitrose）和塞恩斯伯里（Sainsbury）等零售商开始从他们的供应商，比如联合利华（Unilever）和宝洁（P&G）等处雇用营销人员。如今，这些公司和它们的品牌组合享受着与制造商品牌同等甚至更好的品牌忠诚度⑪ ● 这些英国连锁超市的利润率相当于世界上其他超市的两倍⑫ ● 联合利华（Unilever）在 21 世纪初将新的 U 形图案公布于众时便在企业形象上领先了。这个图案由象征着品牌类别的图像组成⑬
2011 年	● 品牌供应的爆炸如今已势不可当，在让消费者感到困惑的同时，还让传统品牌的领导者越来越头痛⑭ ● 每个西方消费者平均每天将面对 2000~3000 条品牌信息⑮

续表

日　期	事　件
如今	● 全球化和社交媒体的出现使品牌推荐变成了多对多，而不再只是一对多或一对一⑯

注：① Daye，D（2006［accessed 11 October 2013］）History of Branding，*Branding Strategy Insider*［Online］http：//www.brandingstrategyinsider.com

②③⑧⑨ Kurtuldu，M［accessed 11 October 2013］Brand New：The History of Branding，*Design Today*，www.designtoday.info

④⑥⑬ Lundgaard，J（2013［accessed 11 October 2013］）Five Lessons in Corporate Brand Building from the Big Boys［Online］http：//econsultancy.com/uk/blog/62742–five–lessons–in–corporate– brand –building –from–the–big–boys

⑤ 好彩香烟是美国好彩公司采用优质烟叶，以传统美式方法制成，鲜明的美国形象及悦目的红圈商标，使 Lucky Strike 成为英美公司的一级美国品牌。

⑦⑩⑪⑫⑭ de Swaan Arons，M（2011［accessed 11 October 2013］）How Brands Were Born：A Brief History of Modern Marketing，*The Atlantic*

⑮ *The New York Times*（2007）Anywhere the Eye Can See，It's Likely to See an Ad，15 January

⑯ Richardson，N（2012［accessed 11 October 2013］）A Quick History of Branding，*The Branding Spot*［Online］http：//ndrichardson.com/blog/2012/07/03/a–quick–history–of–branding/

三、大品牌的例子

大品牌往往由于有实力的品牌建设而家喻户晓——在"吸引力"方面得分高——大品牌背后的真正秘密是它们以简单的方式做事情。大品牌对于该做出什么样的承诺是专一和明确的，然后去兑现承诺就是了。

言外之意是在不考虑规模和资源的前提下，任何企业都可以创建一个大品牌。但事实上，一个机构越大、越复杂、越全球化，它就越难清醒地认识到应该做出哪些承诺，也越难以保证兑现。

当你查看一个有着重大情感价值和财务价值的大品牌的清单时，你总会看到那些极其明确并坚守承诺不动摇的企业（见表 1-2）。"无情的一致性"这个短语就适用于这里。品牌根基动摇时，也就几乎是它们对自己的承诺失去关注并无法兑现的时候。

你也会发现，品牌不仅是一个标志或只起到营销的作用，而是作为一种理解承诺并确保兑现的意识被植入每一个企业的管理标准和过程中，从供应链到预算，再到吸引人才和企业管理。

表 1-2　大品牌的例子

品　牌	描　述
可口可乐 （Coca-Cola）	可口可乐充满乐趣、自由和新鲜的品牌承诺几乎随处可引起共鸣。该公司擅长保持品牌的新鲜感，同时维持强大的怀旧感，团结一代又一代的可口可乐爱好者，并加强消费者与品牌的深度连接[1]
苹果（Apple）	苹果品牌始终是优秀的全球品牌的榜样——持之以恒地专注于避免消费者在想要的功能上失望，并创造他们没想到的却十分需要的功能。苹果力求捕捉"不同的思考"，它们努力保持着这份专注，也推动了它们在全球范围内惊人的成功
亚马逊（Amazon）	亚马逊取得成功的原因多种多样——它们的整个系统是开放的，但是都有一个共同的核心宗旨："无论你是谁，亚马逊都与你相连，亚马逊都会找到你。"亚马逊使用内容优化、用户生成的内容以建立信誉，并通过对数据的充分利用来产生对其客户的洞察力[2] 在全球范围内，亚马逊拥有超过 2 亿名客户，更不要说使用亚马逊来帮助决定购买的数以百万计的购物者了，亚马逊购物将继续塑造顾客体验，为零售业设定新的标准[3]
维珍航空 （Virgin Atlantic Airways）	维珍航空[4] 通过重新定义自己的类别建立品牌——他们关注整个飞行历程，而非仅是飞机上的时间。Richard Branson 说："一个因为创新、高质量和乐趣而国际知名的品牌、声誉，就是我们一直追求的维珍航空。"航空公司本身的作用是将产品的现实性与其品牌所创建的价值相匹配[5]
戈尔公司 （WL Gore Associates）	在《星期日泰晤士报》（The Sunday Times）评选的 2013 年度最适宜工作的公司名单中排名第十：戈尔公司（英国）因戈尔特斯（Gore-Tex）面料而闻名。自 1958 年成立以来，公司一直致力于开发创新电子产品、纺织面料和工业及医疗产品。但是这家创意技术公司在生产线上的创新并没有停止。需要注意的是它的特殊的员工结构——它将自己定义为一个没有管理者的公司[6]
高盛集团 （Goldman Sachs）	当前经济下，投资银行可能会引人侧目，但高盛集团却是家喻户晓的高性能投资的代名词。尽管面对无情的否定和可能是傲慢的看法，高盛仍继续保持品牌资产和在其行业的领导地位，继续吸引客户的资金，继续承诺增加你的投资
埃森哲 （Accenture）	在世界的任何地方旅行都很难避免埃森哲的品牌。它们与唯一的理念高度契合——"高性能传递"——这一点从来没有变化。看看它们的网站，询问它们的客户，询问它们的员工，它们说的做的每一点都遵循这个指导思想
香港—上海汇丰银行 （HSBC）	汇丰银行再次因商业旅行者而无处不在，通过关注"全球本土银行"的核心理念，汇丰银行拥有"全球一本地"的信息设置标准。它们的活动围绕这一主题不断变化，但从来没有偏离核心思想。像埃森哲一样，这也是吸引人才的努力

注：[1]Interbrand, *Best Global Brands*（BrandZ），2012

[2]Richardson, B（2012［accessed 11 October 2013]）A Brand Case Study: Amazon, *Content Equals Money*［Online] http: //contentequalsmoney.com/a-brand-case-study-amazon/

[3]Zybowski, A（2013）*BrandZ™ Top* 100 *Most Valuable Global Brands*, Interbrand, 2013

[4]维珍航空（Virgin Atlantic Airways）于 1984 年成立，是一家英国航空公司，提供来往英国的洲际长途航空服务，是维珍集团的附属公司之一。

[5]The Times 100 Business Case Studies［Online] http: //businesscasestudies.co.uk/virgin-atlantic/ building-an-airline-though-brand-values/the-branson-factor.html#ixzz2UgmTnzpJ［accessed 11 October 2013]

[6]*The Sunday Times*, *Best 100 Companies to Work For*, 2013

定义什么是品牌——你的声誉——这很简单，但如何才能影响它——找到定义、管理、扩展、维护、使之更具知名度并提升品牌价值的方法——这显然是更具挑战性的。

四、品牌、营销和销售

不要忘记，如果对品牌的管理得当，品牌凭借自身的头衔就可以成为一个强大的商业工具。你的品牌不仅可以成为一个营销工具，而且也应该驱动、加强、调整并加速你的商业策略。当然，品牌管理的角色是积极地在影响市场感知中发挥核心作用——例如人才市场、商业市场，以及那些被市场影响或被你的企业活动影响的其他利益相关者所占领的市场。

正如前面所讨论的，你的营销和沟通的努力远比想象的有限。一个好的经验法则是你的声誉 70%~75% 取决于你做了什么，你的产品性能和你所提供的服务，你提供的环境和你的员工的行为。其余的 25%~30% 则是由你的品牌、营销和沟通的努力创造。

一个基本模型是"营销漏斗"（见图 1-1）。它演示了影响客户从知道下移到拥护的必要性。显然，人们需要知道你是作为一个企业存在的，才会考虑参与。然后，他们需要将你同其他替代品一起囊括在他们的考虑中。通过试验和采用，他们将会对你产生偏好，如果理想的话，他们最终会拥护你。

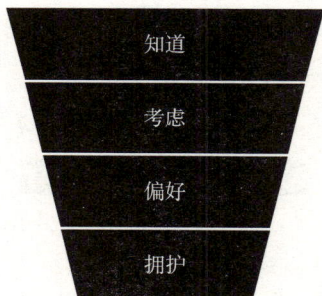

图 1-1 品牌营销漏斗

仅仅让人们知道商品，这本身不足以推动品牌价值。这只是一个开始。但是你必须做出协调且有效的努力，使人们沿着漏斗到达偏好（为了实现我们的目标，我们视这种转变为销售）和拥护的位置（到了这一步，客户将成为你的品牌大使）。

图 1–2 所示的模型中将对此加以说明，它基于真实的案例研究，其中一名参与者在市场份额上输给了挑战者，尽管他拥有更高的知名度和更可观的形势。你可以用广告和宣传覆盖市场，但如果不能将人才、客户或利益相关者有效地联系起来，要将他们转化为拥护者就会变得极其困难，代价也很高。

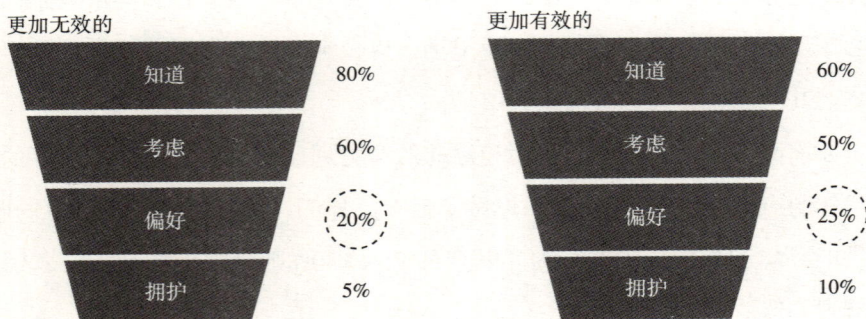

更加无效的

知道	80%
考虑	60%
偏好	(20%)
拥护	5%

更加有效的

知道	60%
考虑	50%
偏好	(25%)
拥护	10%

图 1–2　有效转化 VS 无效转化

在人才、客户和其他利益相关者对你的业务和品牌的支持意愿方面，存在一种说法，他们的态度中立或忽视，或者最坏的情况是抵制品牌，他们就成为了所谓的"品牌暗杀者"。在这个信息渠道和社交媒体日益丰富的世界，统计数据表明，负面的品牌体验往往比正面良好的品牌体验更易被传播，这是一个需要考虑的重要原则。

五、品牌的价值

如果一个企业被拆分，我会给你土地、砖瓦和砂浆，而我要它的品牌和商标，然后我会做得比你更好。

（John Stuart，Quaker 主席，ca. 1900 年）

你的品牌有着相当重大的财务价值，而且 10%~50%甚至更多取决于所在的行业。伦敦证券交易所在 1989 年允许在收购时经过股东批准可以将无形资产包括在内，这是对品牌估值这一概念的认可：

在 21 世纪，品牌将成为企业价值的主要驱动力。投资者和商业领袖已经认识到这一点。财务经理和规划者越来越多地使用品牌资产跟踪模型来方便企业做规划。[2]

品牌估值的方法有很多：

（一） 属性评估 （Aker 和其他）[3]

这意味着对诸如满意度、忠诚度、知名度、单独或根据行业加权的市场份额等属性的评估。Young 和 Rubicam 还发展出"品牌资产标量"（Brand Asset Valuator）——一种基于差异性、相关性、尊重和知识的属性评估方法。毫无疑问，其他的属性是存在的，但概念仍然相同。这类方法因为通常使用指定值，而不是测量值，而受到质疑。

（二） 品牌权益 （Moran）[4]

这种方法结合了三种要素——有效的市场占有率 （Effective Market Share）（各细分市场份额的总和，按照各个部分占总销售额的比例加权）；相对价格（Relative Price），一个给定品牌的销售商品的价格和在市场上同类商品的平均价格的比率；耐久性 （Durability），在次年将会购买该品牌的顾客的百分比。

（三） 品牌估值 [5]

品牌估值力图采用最稳健的财务数据，以达到对品牌最合理的估值。尽管这些方法也受到质疑，但它们至少在品牌力量的创造上做到了尽可能的客观。

英特品牌 （Interbrand）[6] 在 "BrandZ 全球品牌价值百强榜"中发布品牌的年度估值。这份报告采用公司的财务数据、市场动态，评估品牌在收入产生中的角色作用，然后在品牌实力和风险的基础上预测未来的发展。

品牌价值评估机构 Brand Finance [7] 使用"权利金节省法"（Royalty Relief）每年出版公布自己在全球范围内的 500 项研究，计算出一个企业将其商标授权给第三方后可获得的特许使用金的净现值。

一种越来越流行的方法是"净推荐值"（Net Promoter Score，或 NPS）。NPS 是由 Fred Reichheld、贝恩咨询公司和 Satmetrix [8] 共同研发的一种度量标准。它的优势在于自身的简便性。客户会被问道："你有多愿意将某个公司/品牌/产品××推荐给朋友/同事/亲戚？"并将他们的回答按 0~10 分打分。推荐者给 9 分或 10 分，比较被动的回答给打 7 分或 8 分，批评产品的给打 0~6 分。NPS 得分是推荐者和批评者所占百分比的差值，范围从–100%到+100%。

所有的这些方法都有优点和缺点，但需要认识到，一个企业的品牌是价值相当可观的无形资产，应该受到尊重并施以相应的管理。

六、品牌是企业管理准则

你是否足够重视将管理声誉作为战略管理准则，而非营销职能的责任？Dave Allen [9] 提出了一些问题，它们将带领你以一种更加长远而深刻的眼光来看待如何将品牌作为一种战略资产进行管理：

● 公司的品牌名称是否公开？

● 是否容易召开发布会？

● 潜在的商业合作伙伴是否将你的想法用于投资？

● 你能否吸引那些最顶尖的人才？

● 优质的员工能否在你们公司工作 2~3 年？

● 你的员工是否被赶着才完成工作？

● 你的客户是十分拥护你，还是仅仅简单地容忍你？当你犯错误时，他们愿意原谅你吗？

● 你的股票价格随着时间稳步上升吗？

● 你是否盈利到了足够用于投资，保持资金增长，甚至让你的竞争对手妒忌的程度？

通过询问这些问题，你可以很快地知道自己是否拥有足够的声誉，同时了解哪些地方可能面临着机遇和挑战。

这些问题的答案，往往不尽如人意，但这会作为一个强大的起点，推动企业有关建设、管理和维护公司在市场上的声誉发展。

七、品牌与溢价

在本节的最后，将为你引导出一个有趣的、令人意想不到的结论：你的声誉通过多种方式使你获得了产品和服务溢价的能力。

在《市场领导者的行为准则》（*The Discipline of Market Leaders*）[10] 这本书中，Treacy 和 Wiersema 提出了一个类似的问题：为什么有些企业明明做得更加出色，却往往和其他人在一个相同的类别中？

通过对跨部门、跨行业的市场领导者的研究——如沃尔玛（Wal-Mart）、戴尔（Dell）、西南航空（Southwest Airlines）、科特（Cott）、航空快递（Airborne Express）、大西洋富田（Atlantic Richfield）、家得宝（Home Depot）、英特尔（Intel）和索尼（Sony），一个非常清晰的主题就此出现。因为他们的书有关战略管理（我认为"品牌"这个词并没有出现），其对声誉管理的影响也是显而易见的。

根据 Treacy 和 Wiersema 的说法，企业在三个领域可以实现市场领导力：

● 产品或服务领导。你获得溢价，是因为你生产的产品或服务是最好的。

● 卓越运作。你获得溢价，是因为你的终端到终端的过程比起你的竞争对手更为有效。

● 客户/市场亲密。你洞察客户/消费者，他们的行业和市场——从解决方案到关系管理再到结果——使你在竞争中脱颖而出的同时得到更多。

秘诀是什么？你可以选择专注于一个领域，在其他两点上你只需要做到和其他竞争者一样好就可以了。

这个价值规律的模型当然还是面临质疑与争论，尤其是突破性技术使一些元素获得领导力变得异常困难（当 Treacy 和 Wiersema 发表第一篇文章时，互联网还处于萌芽阶段，没有真正进入公共领域）。

但这个理论的价值在于品牌和声誉管理的含义是明确的：你不能试图将所有的东西带给所有人。

你需要关注你的企业。你选择专注于哪一领域，这个决定将会影响到将来在市场上你的声誉如何。

八、品牌定位

下面讨论品牌定位——换句话说就是你所代表的，在多种不同的方式下，你的利益相关者将会体验到你所说的和所做的，你希望他们如何理解你。

一个伟大的品牌定位必须同时做到三件事。你的定位必须：

● 真实。你的定位必须是对你企业准确的、真实的反映：它相信什么，它的文化和价值观是什么，在任何特定情况下它如何真实反应。那些试图以非本来面目示人的企业往往是不成功的——特别是在社交媒体时代，透明度增加，几乎所有的企业使各方面的利益相关者获取信息都更容易。

● 相关。除了确保真实，你的定位必须与你力图影响的利益相关者有关。如果你所说的是那些你力图转化为拥护者的人们认为无趣或是不符合他们的兴趣的内容，那么无论你的品牌多么真实或是与众不同，对他们都没有意义。

● 差异。它可以是真实的，可以是相关的，但它必须是不同的……在某个方面与众不同这点很重要。差异化是你的价值所在，它可以产生溢价或是比竞争对手获得更高的利润率。

获得一个清晰又与众不同的品牌定位的方法和模型有许多——在第三章第一节我们将讨论一种我认为更为综合和有力的方法。但相比使用的技术，这个方法的关键更多在于你的意图本身：有多诚实、自律、团结，以及你的企业有多专注于诚实地回答问题并挑战自我，以克服在达到市场定位途中所遇到的阻碍。

九、小 结

你代表什么？你想要因何而出名？为什么人们要从你这购买，或是要来为你工作？为什么他们会为你付更多的钱？

这些问题的答案将本书的论题带入了生活中——为建设和管理声誉所做的大量努力与市场作用息息相关，实际上更与决定以及商业活动相关。

在本节的基础上，下一节将讨论发展、建设和管理你的品牌的方法。

本节注释

[1] Daye，D（2006［accessed 11 October 2013］）History of Branding，*Branding Strategy Insider*［Online］http：//www.brandingstrategyinsider.com

[2] Brand Finance（2010）White Paper，Connecting Brand Value，"Brand Equity" and Brand Economics，*Brand Finance*［Online］http：//brandfinance.com/knowledge_centre/whitepapers/connecting-brand-value-brand-equity-and- brand-economics

[3]［4]［5] Farris，P W et al（2010）*Marketing Metrics：The Definitive Guide to Measuring Marketing Performance*，Pearson Education，Upper Saddle River，NJ

[6] http://www.wpp.com/wpp/marketing/brandz/brandz-2013/［accessed 11 October 2013］

[7] http://brandirectory.com/league_tables/table/global-500-2013［accessed 11 October 2013］

[8] Reichheld，F（2003［accessed 11 October 2013］）One Number You Need to Grow，*Harvard Business Review*，December［Online］http：//hbr.org/2003/12/

the-one-number-you-need-to-grow/

[9] Allen, D (in press) *Who? Oh... Wow!: The 55-minute Guide to Corporate Branding*, Verb Publishing, Royston, Herts

[10] Treacy, M and Wiersema, F (1995) *The Discipline of Market Leaders*, Addison-Wesley, Wokingham

第二节 定义你的品牌

"请问你能告诉我，从这里我应该走哪条路吗？"

"那很大程度上取决于你要去哪儿。"猫说。

"去哪儿我不是很在乎。"爱丽丝说。

"那样的话你走哪条路都无所谓了。"猫说。

"如果我去某个地方呢？"爱丽丝补充道。

"哦，那你一定能到，"猫说，"只要你走得足够远。"

(Lewis Carroll，《爱丽丝漫游仙境奇遇记》)

与任性的爱丽丝不同，你的企业必须知道它的目标在哪里。在如今这个动态的环境中，通过沿着一个方向走足够长的时间来抵达目的地并不是一个很明智的决策。本节关注如何发现并确定旅途的重要方向。

一、实践现状

现有的品牌定义方法在很大程度上仍然局限在市场营销和品牌上。虽然这个战略过程包括高级管理人员的参与（理想情况下，利益相关者和员工也参与），但总的来说我们如今运用的模型大多数遵循着 20 世纪 80 年代发展起来的一些原则。

虽然有许多将品牌定义过程分阶段的方法（3步或13步），但它们差不多相当于相同的事件序列。

（一）发现

研究阶段是必需的。许多人更喜欢用"发现"（Discovery）这个词。在这个阶段，你进行一系列的活动以尽可能多地了解你的企业，更重要的是，企业的利益相关者。

根据你的目标，你的利益相关者（见下文）[1] 可能不仅限于客户或企业员工，通常，也需要考虑那些可能会受到企业内部员工思考和行为方式影响的利益相关者（当然，受到他们提供的产品或服务影响的也算在内）。

这些可能包括：

你的企业：

● 高级主管和领导

● 业务和员工经理

● 雇员——尤其是新员工（以及他们的家属和朋友）

● 承包人（以及他们的家属和朋友）

● 前雇员（同行）

● 未来（潜在的）雇员

其他企业：

● 外包功能（人力资源、信息技术等）

● 供应商

● 合作伙伴

● 监管机构和政府及有关机构

● 媒体和分析师

更广泛的机构：

● 投资机构

● 股东/投资者

● 环境和企业责任利益人

客户/消费者或顾客：

● 潜在客户或顾客

● 目前客户或顾客

● 过去客户或顾客

竞争对手：

● 直接"传统"的商业竞争对手

● 非传统和间接竞争对手

● 人才的竞争对手

这一发现的目的是要揭示一些非常简单的问题的答案，其中最重要的是：为什么？

● 为什么顾客会考虑购买你的产品或服务？

● 为什么一名求职者要来为你工作？

● 你和你的竞争对手有哪些相同和不同——在业务以及人才方面？

● 人们为什么（在多大程度上）相信你说的话，或者为什么不相信？

● 你认为你的企业最需要改变的地方是什么？

● 你的企业的替代品是什么，是什么使它们有趣或者与你相关？

研究这些问题的典型方法包括：对你的主管、领导、经理以及代表性员工进行指导访谈、小组讨论，开展研讨会、模拟事件，以确定他们的观点和贡献。通常，这些访谈应该由第三方来进行，以确保可信的对话和独立的或至少是客观的看法。

特别是客户和消费者，意外的发现往往来自数据挖掘和分析、小组讨论和调查、净推荐值以及大量可以提供信息的社交媒体的跟踪调查。

定位

这一过程也应该包括一个重要的定位实践。我们在前一节谈到了定位，并将在第三章中更详细地讨论，在这里不再赘述。但是简单地说，在拥有发现阶段获得的全部信息的前提下，什么是最好的定位企业和竞争对手的方式，从而使你和利益相关者真实相关呢？你如何区分你是谁，做什么，为什么和怎么做呢？

（二）定义

第二阶段一般都是关于将发现阶段产生的所有观点转化为一些围绕定位以及如何利用文字和图像表达的假设。最佳实践又一次表明，可以通过与利益相关者进行演练，评估和测试选项中哪一个是最有效的。正是在这个阶段，你将开始形成自己的品牌"平台"（Platform）或模型。

品牌模型

这些原则倾向于关注建立一个可以引导品牌深化发展和表达品牌的模型。快速地在线搜索术语"品牌模型"可以为你的评估提供大量的例子。品牌模型（或平台）和品牌顾问一样多（事实上，可能更多）。这些模型大多数寻求定义（虽然术语可能会有所不同）一些有助于为品牌表达提供引导的核心要素。

（1）"品牌本质"或"品牌基因"。这个非常短小的语句力求清晰地表达你的品牌代表什么，当归结到品牌的绝对本质时。例如，一个品牌的本质可能是"质量"或"成长"或"员工优势"。穿上它们的鞋子可能会让你找到灵感；骑上它们的摩托车可能会让你感到自由解放。[2]

（2）品牌属性。什么元素相结合可以以一种清晰的方式深化核心理念呢？总的来说，品牌模型力图建立 3~8 个属性。品牌属性可能包括如创新、可持续性、充满活力和激情的这类事物。

案例：手机生产者 XYZ 的品牌属性

- 关注客户
- 激情与奉献
- 持续创新
- 全球化与本土化

- 开放的理念
- 值得尊敬和信任

（3）品牌承诺。品牌承诺是这个品牌希望代表什么的表述——是一种当人们看到或听到你的名字时，涌入脑海的表达。它有时被称为"品牌定位陈述"。我们将以 XYZ 作为一个例子，关于他们的品牌和人才在线框架有很多容易获取的信息。他们的品牌承诺是："更好地连接世界、丰富生活并且提高效率。"

（4）品牌价值。品牌价值指你的品牌"表现"如何为企业经营提供基准。在大多时候，品牌价值与企业价值不是相互冲突就是相互独立，或者没有很好地相互一致。

想要在现阶段的品牌定义分类方面得到指导，你做得可能比 http: //www.brandchannel.com/education_glossary.asp 中的综合指南差得远。

本书的结尾附有词汇表。

（5）品牌架构。品牌架构是一套明确企业如何表达不同品牌（或其他元素）在品牌组合中的相对重要性的原则。在最基本的层面上，品牌架构展示了不同品牌——以及与之相关的产品或服务——是如何符合整体形象的。它展示了企业那些既相关又彼此不同的品牌的方式（有助于利益相关者浏览公司的产品）。它涉及产品和服务的命名，以及赞助和其他内部和外部的相关营销和传播活动/过程。

因此，举个例子，一个品牌可能只以一个名字和身份（比如 IBM）走向市场。这通常被称为一个"整体品牌"（Monolithic）或"保护伞品牌"（Umbrella Brand）——换句话说，IBM 在全球都是 IBM，其产品和服务可能也有自己的子品牌，它们将一直与 IBM 和其标志紧密相连。苹果就是一个类似的例子。

一个被认可的品牌有自己名字的产品或服务，但是与品牌伞策略相关联。

在认可品牌和被认可的品牌之间通常有一个精心考虑的关系——其中一个将永远有更大的优势。在被终端用户或消费者认可的品牌价值和能够提供认可的品牌价值之间选择平衡。例如作为消费产品的雀巢（Nestle®）奇巧（KitKat®），或Honeywell 的沉默的骑士（Silent Knight®）（安全服务）。在每一种情况下，产品或服务品牌在其市场中都具有知名度，但通过与其母公司品牌的关联获得额外的股权。

有一个有时令人困惑的品牌架构分类，一个叫"多品牌组合体"（House of Brands），它指的是例如联合利华（Unilever）和宝洁（P&G）这样的管理不同品牌的组合的企业；另一个叫"品牌化集合"（Branded House），是指所有的品牌都直接明确地分享使用保护伞品牌——但每一个品牌都作为一个独立品牌而存在。维珍集团（Virgin）就是一个很好的例子——如维珍媒体、维珍航空、维珍音乐和维珍火车等。

架构是重要的，甚至在服务企业必须仔细管理和考虑。例如，专业服务公司往往有一系列扮演着不同角色的服务（如税务咨询、精算咨询、业务分析和诉讼），但它们都与首要品牌相一致。更重要的是，这些服务的表达方式是经过仔细考虑的——它们有自己的子品牌吗？它们是通过主品牌被认可的吗？或者它们只是被简单地描述出来？

二、挑战

这一切听起来像一套相当可靠和明确的工具：承诺、价值和一些属性，有助于将品牌带到生活中并且指导生活。另外，有人会说，这种分类及其周边的环境已经深入到"管理学说"（Management Speak）、"市场营销"或是"品牌泡沫"（Brand Babble）的黑暗森森中——这实际上与该企业的更高的目标，对客户的服务，及其与利益相关者、员工、潜在的员工和过去的员工的关系相冲突。

例如，虽然它可能对于营销人员在工作中使用品牌价值和属性来开展广告宣传有着重大意义，但对某些员工来说，分别提出一套企业价值和一套品牌价值，并且告诉他们在不同情况下如何应用，是没有多大意义的。我们稍后再讨论这个，但这是本书的核心前提：你确实应该有一套人人都可以使用的价值体系。

三、当前情况面临的挑战

定义并明确本质、属性和其他有助于定义、管理和维护品牌价值的元素这一想法很有意义。很难争辩说，你不需要一个影响你如何看待声誉的引导。

问题是，从消费者的营销方式中产生的大量模型领先了——非常高效而且非常创新——在 20 世纪 80 年代由宝洁（P&G）和联合利华（Unilever）创造。它们已被广泛用于企业品牌空间中。但宝洁和联合利华不断创新的驱动力，从来没有打算将这些模型用在一个试图为新的消费产品开展活动的品牌经理的背景之外。

换句话说，这些模型在消费者和客户的背景下，对于发展和维护品牌以及营销传播是非常好的。当它们开始被用于其他目的的时候，就会开始变得不那么有效。有些人会认为，在快速发展的全球经济的互联网和社交媒体时代，它们不再适合用于引导声誉管理的关键决定，因为受众重叠并有办法获取更有广度和深度的信息。

在原来的世界，功能有合理的信心去"拥有"利益相关者领域的一部分。例如，传统的企业交流"拥有"媒体和以听众为投资者的功能；营销和销售"拥有"吸引和转换潜在客户的功能；人力资源"拥有"雇用、解雇、支付和供给的功能；内部交流"拥有"倾听和与员工分享信息的功能；企业"拥有"提供产品和服务的功能；等等。

看一看上面一段话所描述的当今世界，很少有人会简单地认为它与我们现在运转的世界的传统观点不匹配。大多数企业似乎仍然坚持声誉管理议题的功能所有权。跨功能合作和协调很好，但首席执行官很少有尝试提高任何功能以达到真正的协调作用这样的意愿，因为他们害怕打开政治和业务的"潘多拉魔盒"。

在关于如何组织、管理公司交流（以及它与其他功能的关系）和不同的功能责任应该在何处落实这一问题上总是有围绕人力资源、媒体关系、企业社会责任、品牌、销售和营销方面的争论。尽管不同的企业在管理责任时略有不同——有时内部交流落实在企业交流功能上，有时落实在人力资源或营销功能上——员工、利益相关者、客户、竞争对手、监管机构和媒体之间的界限被视为相当明显。这些关系在这些不同的独立板块中也是相当容易管理的。它们不需要通过太多的内部合作来管理好。[3] 但技术和社交媒体已经模糊甚至删除这些人工分界线。

消费者的权利由于更大的透明度和信息获取更容易而变得越来越大，这是老生常谈了。但不明确的是，大多数企业是否已经在消费者/客户影响力增长和管理他们的利益相关者（事实上是他们的业务）的方式上建立了联系。

消费者权利的这种转变与员工、承包商、第三方的关系以及企业如何在这个环境中运作有直接的联系。该模型已不再是企业位于中心了，这些离散的利益相关者之间已划出了界线。

现在，每个人都戴着很多帽子。如今的消费者是媒体生产者——在涉及企业声誉时，它们非常具有影响力。利益相关者和合作伙伴现在都是消费者——而且，当然，也是非常具有影响力的媒体生产者。这些"利益相关者"也许不是你认为的那些人，很可能不是过去的那些人了。你的供应商可能不仅是一个竞争者或者一个客户，而是从积极或消极的方面代表着你的品牌，贡献你的声誉。

在如今大多数企业中，这些利益相关者关系的管理方式远远不足以应对这些不断发展、不断成熟的复杂关系。这正是企业内部摩擦的原因：谁负责确保客户体验的传播、产品设计（"特征是人们想要的吗"）、销售与营销（"我们需要增加营业额"）、人力资源（"我们需要吸引优秀的人才，并且留住现有的人才"）、呼叫中心员工（"当消费者出现问题的时候找谁"）、柜台或者零售人员（"你不会有第二次给人留下第一印象的机会"）、设施（"一个好的零售和工作环境是关键的"）、财务和信用控制（"当尊贵客户错过付款的时候，你看过我们给他们寄的信吗"）、数字和网络团队（"我们是客户的'关键接触点'"）、领导岗位（"所有都是关于领导力的吗"）？

当然，答案是所有的这些都是用一种或另一种方式来建立和维护你的声誉。问题是，如果企业没有解决好这些问题，在不好的企业设计和过程中首当其冲受害的人是——你猜对了——顾客、客户或消费者。

这使我们又回到了这个重点—— 一个企业应该有明确的、容易记住且便于应用的理念，通过它来推动其整个品牌和声誉的管理议程——在其运作的每一个方面。

四、问题是什么

如果我们把 XYZ 作为我们的例子，我们就会有一个有着本质、承诺和属性的品牌。该品牌同时表现为：

● 任务 [4]：4 部分

● 核心价值 [5]：6 部分

● 文化 [6]：6 部分，其中两部分有 6 个子观点

毫无疑问，XYZ 是一家表现出色的公司，员工很出色，自身想要成为一个成功的企业。在这些陈述中没有什么是不可取的——事实上，它表现出了强烈的团队精神、谦虚谨慎、道德规范、创新意识和卓越的精神。但对于某人来说，在任何特定的时刻，当他们做出陈述或做出决定时确切地说出什么是最重要的，这将是具有挑战性的——除非"这就是关于它的全部"。

但是在这些方面 XYZ 并不是独一无二的——无数的企业面临同样的挑战，最终以同样的做法解决问题。一个英国主要零售商对于其员工有多于 23 个独立的价值/属性/行为种类（没有引用其独立的雇主品牌主张，或者额外的、领导者需要遵循的独立的计分卡）。人力资源总监和首席营销官（CMO）不能好好相处，这是值得注意的。

　　这是泰勒和福特对于工业时代的管理思想的产物，完全适合他们监督的公司以及那个时代经济、技术和文化背景下生产的产品。这正是管理人员未能明晰和简化所导致的——以及缺乏使各项功能明晰化和简化的政治愿望，主要是由于市场营销和人力资源部门并没有能力（或意愿）来调整他们的议程。

　　你会经常发现一个家庭手工业的服务提供者对于声誉管理的努力——品牌，销售，市场营销，企业公关，社交媒体，数码，雇主品牌和招聘广告，人力资本交流，员工参与度，公关和媒体关系——总是唱着不同的或者难以配合的旋律。这不能算是一个成功的、和谐的经营秘诀。

　　这并不是说，在实现完全不同的价值和愿望、属性以及行为这方面，职能领导或者顾问做了什么有"恶意"的行为。每一个人都在试图传递价值并且应用他们相当专业的知识和技术技能来完成手头的任务——定义和塑造声誉，以及提高认识，建立思考，并且兑现对人们、客户和其他利益相关者的承诺。但似乎没有人接受或被给予这个相当明智的工作——"如何将超过50套的概念以某种方式连接在一起，来定义我们每天工作应该做什么，以及为我们的顾客提供什么服务？"

　　有一个更好的方法，我们将在本书的第三章第一节来讨论它。

　　同时，让我们把这个想法放一放，继续我们有关品牌管理的讨论，因为如今它被广泛实践。下一节我们将探讨如何将品牌转化为视觉和语言的发展。这是继发现和定义之后的第三阶段，我们称之为传播（品牌人喜欢首字母一致），无论如何定义品牌，它对于结果的成功都至关重要。

本节注释

［1］Keohane，K（2009）Advanced Employee Engagement，in *The Gower Handbook of Employee Communications*，Gower Publishing，London

［2］Brandstoke［accessed 11 October 2013］9 *Criteria for a Brand Essence* ［Online］http：//www.brandstoke.com/2009/02/09/9-criteria-brand-essence/

［3］本部分的原始信息见于"内部营销的终结"［Online］http：//kevinkeohane.wordpress.com/2007/05/13/the-end-of-internal-communications-reprise/［accessed 11 October 2013]

[4][5][6] Huawei Technologies Company Limited, *HR Building & Culture Building in Huawei*, PDF available [Online] http://www.hruae.ae/hr-05/hcbh.pdf [accessed 11 October 2013]

品牌的传播

圣诞怪杰格林奇，在雪中他的脚像冰一样冷，他困惑不解地站着，怎么会这样？他没有带丝带。

他没带标签。他没带包裹、盒子和袋子。

他感到困惑不解，直到为这个难题感到恼火。

然后想到他没想过的东西。

他想，如果圣诞节不来自商店会怎样？

如果圣诞节意味着更多的东西会怎样？

（Dr Seuss，《圣诞怪杰格林奇是如何偷走圣诞节的》）

所有品牌都经常和商标、标签联系在一起，以及指南、包装，当然，盒子和袋子也是。格林奇发现了品牌的本质：在经历一个事件、产品和服务的过程中，情感联系扮演着相当重要的角色。

这些东西是一个企业品牌的表达，并与实际产品或服务时刻相伴，它们对声誉都有着巨大的（但是与强大的品牌是不相称的——你只需要对任何苹果产品表达欣赏的感情）影响。

一、重点是什么

品牌管理有关一个目标：使用你可以支配的资产最大限度地为你的品牌在内部和外部进行宣传。并且，有许多解释这一点的模型，但这种宣传是对产品和服务建立认知、思考忠诚度。这种宣传使你具有控制溢价的能力——因为品牌越强大，那么需要花在让人们意识到它并说服他们尝试或继续使用它的费用就越小。它也意味着在吸引更好的人才上会花费更少，并且可以更长时间留住他们，无论相信与否，都比不这样做花费得更少。如果你正在做的事情不能影响这一目标，你就应该问一下自己为什么要做这些事。

二、怎么做

Wally Olins 在 1989 年出版了《企业形象》[1]（*Corporate Identity*）这本书（实际上他早在 1978 年就撰写了《公司人格：调查企业形象的本质》）。这部著作作为现代企业品牌基础的基石，Olins 在其中描述了四个关键的"接触点"（或载体）相结合的方法来打造自己的品牌和品牌体验。

这些仍然适用，尽管许多人会认为这些接触点在过去的 20 多年里已经发生了显著的改变。

● 产品和服务：企业所提供的供人们体验的产品或服务

● 环境：产品或服务被提供或创造的地方

● 交流：如何谈论和促进产品或服务

● 行为：在创造和传播你的产品或服务时，你是如何表现的

因此，一旦完成了前几节中涵盖的"发现"和"定义"这两部分，需要确定你的定义在这些接触点中以及在本章第二节中我们讨论的利益相关团体之间是有

效地表达的。如前所述，我们将称其为"传播"（Delivery）。

三、如何去传播品牌

在前一节中，我们着眼于企业职能有时有些冲突的本质，以及它们在创造和传播定义品牌的产品和服务当中所扮演的角色。

在第二章第二节中，我们将探索一个替代方法，为使用一系列跨功能的核心理念进行品牌与人才管理创建一个整体的方法。在这一节中，我们将着眼于那些无论如何定义品牌平台或模型都仍然适用的优秀实践。好消息是，如果完成了在"发现"阶段的作业，然后在"定义"阶段制作一个强大的品牌平台（无论你决定要如何表达它），那么"传播"阶段就更容易完成了。

四、指导方针

在传播过程的某些节点中，需要创造一套指导方针，以确保对品牌的专业化管理。一般来说，品牌指导方针集中在对企业视觉和语言的认同上——那就是商标、字体、使用的图像和图形，以及我们采用什么类型的文字和语言。这些都是可视化的，以及需要适用于类似于广告、社交媒体和网站、商业名片、展示、出版物、文具、零售和办公环境等模板的一套规则。

最好的指导方针是明确简洁的，但是通常的情况下，因为它试图满足所有可能发生的偶然事件而变得麻烦、冗长，几乎难以辨认。

企业目标应该和指导方针保持连贯性——也就是说，当终端用户处于环境、交流、经验或行为中时，目标是明确无误且可以辨认的，它就是来自你独一无二的品牌。然而，经常发生的不太复杂——也不是很有效率的事情是——目标被设置为具有一致性。一致性是重要的——显然在跨越接触点的时候应该遵守这一规则——但不应该作为到此为止的终结。许多品牌陷入"不惜任何代价的一致性"的陷阱，因此在它们以连贯性为导向本可以产生的影响这一方面表现不佳。不得不经常提醒品牌经理：他们的目标是建立一个强大的品牌，建立并且维护声誉——当监管时并不能保证他们投放在市场上的所有东西都是一致的。

指导方针和其他指导性文件包括越来越多的媒体的声音和信息表达。最好的指导方针是抓住品牌核心理念并且让它可以"呼吸"——有灵活的理念位于框架内，将理念适当拓展到不同的领域、观众以及文化中。在不可改变和可以调整中达到平衡，就像艺术和科学，这需要对市场和文化具有深入理解——包括内部和外部——建设品牌必须这样做。

五、顾客和用户体验

许多接触点可以通过思考每个人在体验品牌时的不同阶段如何表现来进行最佳的定义和管理。尽管它通常被视为仅仅通过消费者、客户或顾客的视角，但它也适用于你所有的利益相关者，并且应该被相应地描绘出来（见表1-3）。

表1-3 需要思考的事情

谁	你希望提供怎样的体验，这种体验最终是如何转化为对品牌的宣传的？
潜在顾客/用户/消费者 现有顾客/用户/消费者 过去的顾客/用户/消费者 潜在员工 现有员工 过去的员工 潜在投资者/分析师 现有投资者/分析师 过去的投资者/分析师 记者 政府机构或监管机构 非政府组织或学术机构 竞争对手 社区	● 他们有可能在哪里、如何、什么时候遇到你的品牌？ ● 他们寻找什么，有可能问哪些问题，可能需要的信息是什么？ ● 你都说些什么，怎么说？ ● 他们可能经历的一系列事件是什么——你怎样帮助他们创造、管理体验？ ● 什么最可能取悦他们？ ● 什么最有可能激怒、冒犯他们或者剥夺他们的权利？ ● 你为他们做这些事情的难易程度？

六、用户体验示意图

类似地，你可以通过观察客户处于"客户生命周期"的哪个阶段来思考他们的品牌体验。与之前的许多情况一样，通过简单的网络搜索，可以找到"客户生命周期营销"这一主题的很多变化，但出于我们目的的考虑，我们将使用如图1-3所示的那些变化过程。

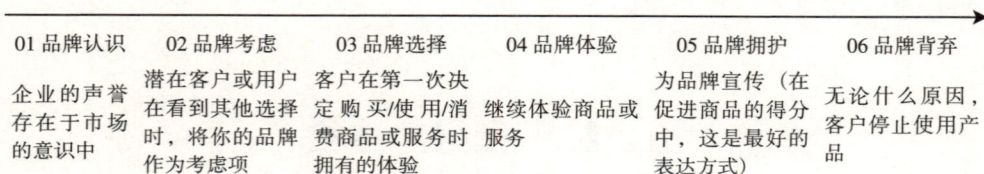

01 品牌认识	02 品牌考虑	03 品牌选择	04 品牌体验	05 品牌拥护	06 品牌背弃
企业的声誉存在于市场的意识中	潜在客户或用户在看到其他选择时，将你的品牌作为考虑项	客户在第一次决定购买/使用/消费商品或服务时拥有的体验	继续体验商品或服务	为品牌宣传（在促进商品的得分中，这是最好的表达方式）	无论什么原因，客户停止使用产品

图1-3　"客户生命周期营销"主题的变化

（一）品牌认识

潜在客户和其他利益相关者必须注意到你的品牌，才能形成任何关于它的观点。一旦他们有某种程度的对于品牌的认识，他们就会形成关于它的某种观点——积极、中立或消极的。不断提高的品牌认识与交流发挥了重要作用。

（二）品牌考虑

潜在客户如果对于品牌的相对优势充分肯定，就可能将其包含在他们的"考虑集合"（Consideration Set）当中。他们可能会使用一些资源来评估品牌优势——很多是完全不受控制的。尽管你通过网站，通过传播、营销、广告、促销和标牌等来影响客户对该品牌的看法，对此做出了努力，但客户将获得有关品牌更多的信息。他们会通过网站、新闻文章、博客、社交媒体、朋友和亲戚的宣传甚至更多方式来形成一个是否考虑你的品牌的意见。

再者，这种情况在如何表达品牌中形成了无情的连贯性。如果在不同的地点对不同的人说不同的产品，品牌将会很混乱，而且缺乏透明度和连贯性。

（三）品牌选择（偏好）

一旦客户已经决定使用你的品牌，他们对品牌的初始印象是至关重要的。这种经验在客户生命周期模型中往往是表现不足的。在这一阶段很容易因为过度承诺或未实现承诺而造成客户流失——"你不会有第二次给人留下第一印象的机会"，尽管这是老生常谈了。一个典型的例子是那些将包装设计作为客户体验的一部分的公司（苹果公司是这件事的开拓者：打开它们的产品成为了使购物体验变得兴奋有趣的事情——尽管你甚至还没有将产品握在手上）。类似地，服务企业应该擅长这一点，让你感到受到欢迎和重视。加强品牌售后体验是绝对必要的。

想一想当你决定购买某个东西或者使用某项服务时，没有听到任何"欢迎光临"或者"谢谢惠顾"的表达，然后收到一张发票的时候你的感觉是怎样的呢？

（四）品牌体验

虽然整个生命周期是真正的品牌体验的整体，为了简单起见，我们将用"天天使用"这个词来涵盖品牌。这是该产品或服务的体现，包括支持和客户服务、可靠性、使用时的便利（和愉悦）以及使用时或被看到使用时唤起的情感。

如果你声称你的品牌将做什么，使用它会感觉怎样，并且兑现了承诺，你就会有非常快乐的客户。

（五）品牌拥护

一个积极的品牌体验是非常重要的——但真正的目标是将现有的客户转换为品牌拥护者。在本章第一节，我们谈到了"净推荐值"（NPS），指你想要把尽可能多的客户转化为拥护者（与少量的批评者）。在大多数行业获取客户的成本很高［根据贝恩咨询公司（Bain & Company）调查，至少是留住客户的成本的6~7倍］，所以一旦你有了客户，不仅要满足他们，而且要将他们转化为对品牌的热情拥护者，这一点很重要。

当然，对于一些品牌和行业而言，做到这些更难——但无论如何，不管品牌能否使你具备赚取更高溢价的能力以及总利润，发展一些拥护者就会帮你减少品牌管理的成本并且增加品牌价值。

（六）品牌背弃

在某些时候，客户会背弃你的品牌——他们背弃的原因有很多种。有些是受你控制的，有些是不受你控制的。你将会注意到，员工或代表在这一决定中扮演着不相称的角色（见表1-4）。出于这个原因，用一个更加综合的方法来进行品牌管理和人才管理是很关键的——但有时不被相应的服务机构采纳。

表 1-4　人们为什么背弃品牌

1%	7%	9%	14%	69%
去世	搬家	有更好的选择	对品牌服务不满意	被员工不良对待

资料来源：整合 Journal of Applied Psychology，Dan Kennedy 和 Brand Strategy Insider 等资料而得。

显然，人才组成很重要——事实上是如此的重要，以至于我们以后将在本章第四节中谈论员工生命周期。

在后面的第二章第二节中，我们将讨论这类利益相关者的体验对管理声誉有什么影响——尤其是当你考虑跨功能的影响和它代表的挑战时。正如你可以想象到的，一些最大的影响是在人才上——"行为"指代的是这些利益相关者遇到的接触点。

说的 = 做的（SAY = DO）

在品牌化和品牌管理的世界里，品牌成功的关键很简单：作为企业，在每一个接触点你对利益相关者所说的和所做的必须完全匹配，这已经成为老生常谈了。

大品牌对于它们为什么存在是很明确的，对于它们代表什么也非常明确。它们因此投资了很多时间、精力和资源来确保这个理念被不掺假地传播到每一个接触点上。它们做到了承诺的每一件事。

像这样的品牌，最终都会获得巨大的品牌资产和最大的品牌拥护。它们也都给品牌存留下了足够的好印象，当它们面临震荡时——有的时候每个品牌都会经历这些——它们的受众更容易原谅它们。此外，与那些脆弱的品牌相比，这些大品牌在重大危机中更容易生存，我们只需要看英国石油公司（BP）（在墨西哥湾灾难的十年前，就在其全球品牌定位和管理方面投入巨资——并设法奇迹般地生存了下来，尽管在与监管机构的关系、公司的声誉和财务方面都遭受了重大损失）和泰诺林（Tylenol）（20 世纪 80 年代，当它们发现在自己品牌的药品中存在冒牌货的时候，从货架上移下了其所有在销产品，直到如今它们仍然是市场的领导者）的例子就足够了。

七、消费者品牌参与

"品牌参与"通常是用来形容为超越品牌交流，并与客户和其他利益相关者形成更多连接所做的努力。使用接触点（Touch-point）的方法，品牌越来越多地寻求创造与品牌相关的、有趣的、令人愉快并有益的体验。这些可以是事件和赞助〔作为一些顶级的、当地的奥运赞助商和供应商，红牛（Red Bull）是这个方法的大师〕或线上和线下可定制的事件或体验（如社交网站的游戏或互动体验）。

关于品牌参与活动的程度是否可以加强品牌宣传的争论至今还存在着，特别是在网络领域，因为它很难衡量。在 2010 年，百事可乐（Pepsi）高调地把不菲的营销预算从广告转移到当时最大的社交媒体活动中——为他们的"刷新"（Refresh）工程赢得了 8000 万票的支持，350 万 Facebook 用户的"喜欢"（Likes）和在推特上的 6 万名追随者……随后人们见证了 Dr Pepper 和百事可乐（Pepsi）的市场份额分别下降了约 5%。[2]

尽管如此，如果行动仍是在线上世界的初期，那么这个理念是正确的：目标是让外部利益相关者（和自己的员工）参与，确保所需的品牌体验已经实现。宝洁公司（P&G）的目标是在 2014 年将其广告预算中的 35%用于数码和移动设备中。[3]

八、员工品牌参与

确保品牌"所做"即"所说"的最大障碍之一是缺乏内部的清晰度。一般来说，最佳实践的状态是让员工了解、内化并提供正确的行为来促使其他利益相关者参与品牌，这很重要。

再者，跨职能拥有和协作的"幽灵"又抬头了。当涉及员工时，谁真正"拥有"参与议程？关于营销的争议是，既然营销在外部负责定义、激活、建设和维护品牌，它就应该负责确保员工理解他们需要思考什么、说什么、做什么。他们也会因为"内部营销"被指责：有人说，营销人员缺乏所需的技能来管理与员工的有效沟通，员工可以说是一个与顾客有特殊关系的非常不同的观众。他们常常被视为通过过分强调顾客的关注点来简化事情。

人力资源部门负责对员工的高效的获取、发展和管理——因此当提到品牌参与议程的时候，他们应该是处在司机的座位上的。但有人会说，人力资源从业者缺乏与听众有效沟通所需要的沟通和参与能力。他们往往被视为具有事务性思维又太注重过程——往往会把事情复杂化。

内部交流可能被视为逻辑所有者和仲裁者——毕竟，他们的工作通常是确保正确的信息在正确的时间通过正确的渠道传递给正确的人。但也可能认为，内部沟通能力往往作为渠道经理和"包装者"而缺乏更广泛的业务角度和用于有效平衡行为所需要的有影响力的技能。

跨功能的合作与协调早已被当作对这一困境的解决方法而提出——在某些情况下，它的确是。它可以有效地工作，但它也会导致一些被淡化、令人困惑和过于复杂的妥协——如由委员会设计的经典的骆驼一般。前文 XYZ 的例子很有可能作为一个错误解决方案的典型——一个足够明智的安排和一个做正确事情的意图，但它没有一个单一的授权决策者或意愿来洞穿复杂性并完成一个更加合理、专一、清晰、有效的推理。

老实说，企业是具有政治性的。个人影响力、议程、预算、人际关系和人性的动态变化有时是有效的跨功能合作与协调的最大障碍。对于内部功能性关系来说，有效的品牌管理和人才管理为了发挥企业的商业潜力而受到破坏，这并非非比寻常。

当你自己阅读充满了签字和批准的具有促进妥协功能的员工手册，发现他们不得不思考 20 多种不同的需要思考的事情（如愿景的大杂烩、使命、价值、能力、品牌承诺、属性、行为以及除了让员工困惑，以及让领导团队看起来很愚蠢以外什么也做不到的模型）。

在第二章，我们会更多地谈论这些——但首先，让我们沿着品牌世界前进，在对社交媒体这一相关且具有时效性的话题进行简单的了解后，打开人才管理和参与世界的大门。

本节注释

［1］Olins, W（1989）*Corporate Identity*, Thames & Hudson, London

［2］*Wall Street Journal*（2011）With Share Down, PepsiCo will Pump Dollars into Pepsi Marketing This Year, 18 March

［3］*Wall Street Journal*（2013）P&G Shifts Marketing Dollars to Online, Mobile, 1, August

品牌和社交媒体

作为人类——社交媒体让我们以最原始的方式来表现行为。我们可以从其他人身上而不是从默默无闻的公司那里得到坦率的建议。

(**Francois Gossieaux**)

这不是一本关于特定渠道或社交媒体的书。尽管如此，与社交媒体的"内外"对话的数量要求其作为这个角色，在品牌和人才管理方面进行内部与外部的报道。

在起步阶段，作为一个内部和外部的品牌和人才媒体，它正在迅速发展。Forrester 研究公司（The Forrester）的研究报告发现：[1]

● 每周至少有 59% 的在线用户活跃在社交网站上，而且 1/3 的网民已经通过像脸谱网（Facebook）和推特网（Twitter）这样的社交平台，成为了某个公司或品牌的粉丝

● 92% 的营销领导者认为，社交媒体已经从根本上改变了消费者参与品牌的方式

● 23% 的在线消费者每天都访问社交网站好几次

企业管理咨询有限公司（InSight Consulting）通过研究表明：[2]

● 36% 的人在社交网络上介绍品牌

● 61% 的社交媒体使用者通过社交网络与品牌对话

● 42% 的社交网络使用者愿意对品牌和产品给出反馈

● 只有 15% 的社交媒体使用者在描述了不好的品牌使用体验后，得到了公司的联系

● 44% 的顾客想要参与到产品的合作创造中

早些时候，我们谈到了个人和企业交流的方式和渠道是通信技术快速变革的结果。渠道的碎片化，结合社交媒体的爆炸，改写了一些规则并且几乎影响了所有人。Forrester 的研究报告指出（直接引用）：

● 如今，市场接受社交媒体是品牌建设的一个基本组成部分，但把理论付诸行动仍然是一个挑战，因为许多企业挣扎在如何有效地利用社会参与上。社会的努力不代表一个独立的解决方案，而是需要付费和自有媒体达到一定规模和一致性。

● 品牌建设战略和社会战略是密不可分的。品牌建设的基础没有改变。营销人员仍然必须为了品牌伪造身份，并通过所有的消费者接触点去传达它，以创造一致的品牌体验。但在 21 世纪，品牌需要有一个社会故事以充分利用情感和有说服力的元素，使产品成功。

● 在品牌建设中，社会扮演了三种策略性的角色：营销人员必须使用社会来为其品牌建设的目标服务。它可以帮助品牌：

——建立一个更加信任的关系；

——通过情感的连接，来变得更为突出和准确无误；

——培育忠实的粉丝更重要。

脸谱网白皮书发现在消费者行为、社交媒体和品牌建设之间存在强相关性：人们在网上向其他像自己的人了解公司和产品。2009 年，12% 的人将社交媒体作为制定购买决策的资源——在 2011 年这一比率上升到 57%。[3] 这一说法也被埃德尔曼（Edelman）的年度信任指标所支持，这是一个对公众从企业到政府到机构再到像自己的人们的相信程度的研究。

据沃尔玛首席营销官 Stephen Quinn 说，"社交媒体可以使我们在每一阶段成

为顾客决策的一部分，以便我们可以更好地服务顾客"。表1–5给出了社交媒体对于品牌建设作用的简介。

表1–5　品牌建设中的社交媒体表格

研究案例	资料来源
福特公司（Ford） 福特公司热衷于探索促进其2011浏览器的新途径，并因此决定在脸谱网上宣布其新设计 厂家代理底特律团队（Team Detroit）和奥美360（Ogilvy 360）参与了一个围绕脸谱网创建一个连接的活动。为了建立自己的脸谱网社区，福特公司设立了一个诱人的抽奖，一旦脸谱网的粉丝数量达到30000个，就提供一个全新的品牌浏览器作为最高奖。进一步地，设置了一个按钮与其他数字性能相连接来为活动进行周边宣传并建立联系 标签随后在脸谱网的首页被创造出来，"显示"用户可以访问一个展示汽车的独家视频，类似于车展的产品。标签还"显示"了一个与福特公司首席执行官Alan Mulally进行的特殊的问答环节 **结果** 尽管汽车是在纽约市举办的活动中被官方透露给行业和媒体，全世界数以千计的福特浏览器脸谱网粉丝也见证了它被介绍给全世界的过程。估计这将使运动型多功能车（SUV）的在线购物活动增加104%，而不是通常的14%，在超级碗（Super Bowl）电视广告宣传之后，销售也增加了	"Building Brands for the Connected World：A Social Business Blueprint" by Facebook，whitepaper，2012. 基于Forrester咨询公司的研究，第9页
小蜜蜂（Burt's Bees） 小蜜蜂成功地运用脸谱网做宣传。该公司在脸谱网上推出其新的彩色润唇膏，并鼓励消费者与朋友对产品进行讨论。宣传由它的使用者直接进行，取代了小蜜蜂自己的宣传。该应用程序允许朋友在六种色调的唇膏（红色的大丽花、玫瑰、粉红色的花、芙蓉、百合和金银花）中选择一款链接到脸谱网，同时描述为什么这款体现了"自然美" **结果** 通过允许消费者在活动中取得描述故事的所有权，小蜜蜂以一种真正的真实的方式促进了品牌知名度	"Building Brands for the Connected World：A Social Business Blueprint" by Facebook，whitepaper，2012. 基于Forrester咨询公司的研究，第10页
红牛（Red Bull） 胆大的Felix Baumgartner在10月14日（星期日）完成了一个令人印象深刻的表演，他乘坐着55层氦气球到达新墨西哥沙漠上方超过24公里处，并跳下来，速度达到每小时830英里，被称为"红牛太空跳"（Red Bull Stratos）。他打破了跳高的高度和下降速度的双重纪录。红牛赞助了此次事件，它在全世界播出，吸引了大概800万人的注意力 **结果** 红牛的脸谱网页面在40分钟时间内聚集了216000个左右的喜欢和30000个分享。另外还有其YouTube账户上记录的3200万个浏览	"How Red Bull Creates Brand Buzz"，Harvard Business Review
吉百利（Cadbury） 谷歌+（Google+）也为国际品牌提供了显著提升的机会。吉百利被认为是其最早的用户之一，并且有着通过此平台开展成功活动的历史记录 通过很多不同的举措，吉百利热衷于在谷歌+平台上探索新功能。刚推出的社区特色被精挑细选来支持其最新的运动。谷歌+社区让用户可以根据利益和分享热情参与其中。社区可以建立私人团体，也可以向公众开放以保证更高水平的参与	谷歌案例研究——吉百利

续表

研究案例	资料来源
吉百利创始的"蛋糕烘烤——吉百利厨房社区"被树立为它确定的重点内容 **结果** ● Google+上的前 100 强社区之一 ● 超过 20000 名成员 ● 超过 2500 张食谱被张贴出来 ● 平均每张食谱被使用 20 次 ● 11 张新食谱被作为社区成员活动的成果被正式发布,这些都将出现在 cadbury.co.uk 网站上	
LG LG 公司的超薄超 LED 显示器赞助了一个快闪,并且在全球最大的 LED 显示屏上播出。该视频在全球掀起了浪潮 **结果** ●视频在几个月的时间里被观看超过一百万次	http://www.somesso.com/casestudies/lg-1-million-videoviews

一、社交媒体在技术上实现了社会交流

社交媒体在技术上实现了社会交流。Mike Klein 将社会交流定义为:"口中的科学、艺术和战略,建立在对人们为什么要相互交流的理解上。"

较长的版本是:"在企业和社区的个人和团体之间发生的看似自发的沟通,事实上,它可以通过识别企业内的关键社会网络,以及与这些网络相连接的关键个体的行为驱动者,从而被影响。"[4]

Klein 定义的关键是理解这些社区本身的组成,然后了解那些对社区影响最大的人们的动机。Klein 主张"部落"理论方法,但无论你使用哪种方法,你的出发点都是明确的。

虽然从一个外部的社交媒体对品牌建设的观点上看这是真实可行的,在关于品牌交互和人才管理中最有趣的元素是员工通过使用社交媒体与其他员工、外部利益相关者进行交流。

二、作为内部工具的社交媒体

显然，在企业内部使用社交媒体平台已经有了很大的进步。一些内部网已经发展出其社会特征（SharePoint 是一个例子，虽然其他平台也适应社会），而 Yammer 创造了一个"企业的脸谱网"的方式，也获得了一些成功（以及许多挑战）。

争论真的不在于是否有一个内部网络或社交媒体平台——而是确保企业提供了一个平台，让人们可以通过它：

● 促进更有效的知识共享、信息收集、文化建设和实时沟通，提高运作效率

● 充分利用流动性的诸多优点，增强企业在适应工作—生活的平衡和"数字工作场所"活动中的灵活性

● 表达自己并把自己的整体代入工作中，作为一个包容性和多样性的驱动者（作为"部落"的一部分）

● 促进参与合作的能力——横向地和纵向地——来减少不必要的层次并提高共同创造和对话能力

三、作为外部品牌参与工具的社交媒体

在提及允许员工访问不同的平台，独立访问与公司相关的社区时，许多公司对社交媒体的态度一直很谨慎。然而，随着企业开始意识到，他们的员工可以发挥强大积极的作用，作为大使为企业和品牌做宣传的时候，这一潮流似乎正在转向。

一旦企业克服了媒体河流中的第一次暗流，企业必须做出的最具挑战性的转变是意识到：它们无法真正地控制消息。一个好的结果是提醒持怀疑态度的人，你可以提供谈话要点、媒体培训、辅导和对任何发言人的简短介绍，但当危险信号来临，"红灯"亮起来的时候，他们可以（而且经常这样做）说任何自己想说

的事情。他们不是牵线木偶。

许多企业使用社交媒体，然后继续作为一个广播媒体来使用它——发帖并谈论新闻稿或最新消息。这只会增加被视为无用或者无效的噪声。另外，企业学会了授权给员工，提供指导——在各个水平上——让他们为自己在社交媒体上的行为负责（正如他们在办公室或商店里工作，对媒体或者是在大会上发言的时候）可以获取好处。

在雇用时，涉及媒体报道、博客、招聘交流、客户服务和其他品牌的建设以及维护主题时，员工可以作为品牌的传播者。

当然，随着这些工具越来越多地进入主流，社交媒体工具的期望和作用将只会增长。

四、小 结

在品牌建设和员工参与方面，对社交媒体的使用不存在信息不足和意见不足，所以我们不会在这个点上研究太多。事实上，社交媒体在人们与他人、与品牌以及忽略掉任何在提及品牌管理和人才管理时产生的机会（和挑战）的愚蠢企业的交流方面，已经发生了转变。

本节注释

[1] Stokes, T et al（2012）How Social Media is Changing Brand Building, Forrester Research, 7 May

[2] InSight Consulting（2011）*Social Media Around The World* 2011, September

[3] Facebook Whitepaper（2012）*Building Brands for the Connected World: A Social Business Blueprint*, based on a commissioned study by Forrester Consulting

[4] Klein, M（2011）*From Lincoln to LinkedIn: The 55-minute Guide to Social Communication*, Verb Publishing, Royston, Herts

跨国集团中的品牌
　　　　　　　——**Mr Shriprakash Shukla**

　　Shukla 先生是战略集团的主席，是首席品牌官及组织执行委员会中的一员，这个执行委员会是 Mahindra 集团（马辛德拉集团）① 中的一员，市值 160 亿美元。作为在印度最有声望的机构（不丹、瓦拉纳西和伊利诺伊理工学院的技术学位和艾哈迈达巴德区印度管理学院的工商管理硕士学位）工作，他有着 32 年运营大型项目的丰富经验。众所周知，他通过在印度的边远地区铺设基础通信设施将移动电话带给大众。

　　2013 年，Shukla 先生在集团的 18 个业务和大量运营公司中监督和策划了一系列完整的改造马辛德拉集团的视觉识别（包括它的文字商标）工作，随着马辛德拉集团的发展，它在十年间成为最受人尊重的全球顶尖品牌。

　　由于他对人力管理部门的热情，他也被委任为企业中心人力资源委员会和集团管理干部（GMC）理事会主席。这两个跨职能和跨企业的委员会的目标，是在自身领域内的各种人力资源政策方面及致力于补充集团人力资源功能方面实现卓越与和谐。

　　他是一位在自己的领域获得许多奖项和认可的成功人士。他也经常被邀请在著名学术和行业论坛上发言。

----

　　① 马辛德拉集团成立于 1945 年，一开始是一家钢材贸易公司，于 1947 年进入汽车制造行业，使印度道路上出现了标志性的威利斯吉普车。多年来，为了更好地满足广大客户多样化的需求，开拓了许多新业务。该集团遵循一种独特的商业模式，通过授权，给企业最好的独立性，最后整个集团达成协同效应。最终成为一个国际性的公司，雇员超过 20 万，遍布全球 100 多个国家。Mahindra 拖拉机是该公司开发最早的产品，具有良好的性能和适应性，对促进印度农业机械化起了重要作用。目前每年的营业额超过 10 亿美元，已经成为印度十强企业之一。——译者注

Mahindra 是主品牌的一个很好的例子，尽管它横跨 18 个行业，仍然能成功拥有更高的使命感。你是怎么做到的？

我再和大家分享下 Mahindra 的例子。公司品牌及雇主品牌——它们是相交互的吗？它们之间互相影响吗？是的，它们之间的相互影响非常大。

在美国，我们有常春藤联盟，且在东海岸有七大院校，从哈佛开始。同样地，在印度我们有印度理工学院（IITs）（有五六所院校）和印度管理学院（IIM）。这些院校是工科和商科的常春藤。一旦你说你来自印度理工学院或者印度管理学院，你的市场价值就会迅速提升，因为你必须超越 99.9% 的人，否则你不能进入这些学校。在哈佛你可以超越 96% 的人而被准许进入。

因此，公司迅速雇用来自这些学校的人，因为他们知道印度的精英在那里。上百万的人去申请这些学校，最终只有少数几百人能够进入。你不可能招聘到比这更好的人。这些学校有就业委员会，可以决定哪家公司何时能够给予面试。

我们有一个"A1"公司的概念，如果你是一个 A1 公司，就意味着你被认可为位居印度最优秀公司之列。如果你看一下 A1 公司的清单，你可以看到雇主品牌和最好公司的品牌是并列的。在名单上你会看到 TATA[①] 和 Mahindra，著名的跨国公司如联合利华和宝洁的子公司，以及咨询公司如麦肯锡和波士顿咨询集团。

当这些公司将它们的招聘公告放在这些学校的通告板上，这个就业委员会根据这些公司收到的申请表数量来决定校园招聘活动的顺序。这是一个非常量化的方法：你的雇主品牌在这些顶尖研究院已经非常确定。

我们几年前开始了一项任务。我们是一个 A1 公司，但是我们说："与 A1 一起你可以在印度跻身前 20 家公司，但是我们如何成为跻身前十的公司？"

我们决定，尽管企业赞赏我们是一个高盈利的、受人尊敬的、坚实可靠的、具有道德和创新精神的公司，就学生而言，我们是一家过时的制造公司——因为

---

① 作为印度迅速发展的商业集团，塔塔集团（TATA）的业务遍布世界各地。据统计，塔塔集团 2014~2015 财年收入约为 1087.8 亿美元，其中 68% 来自印度本土外业务。塔塔集团在全球各地的职员数量超过 60 万。145 年来，塔塔这一名字以其恪守良好的价值观和商业道德而广受印度人的尊敬。——译者注

他们一直在一流的教育机构，他们更感兴趣的可能是新兴的经济领域，并非必须是已存在的制造企业。我们决定推出一个雇主品牌运动，这即是印度顶级商科院校的"Mahindra 战争室"（Mahindra War Room）比赛。

整个集团的案例研究共享在网站上，这些学校的学生们能够访问此网站。我们通常与集团代表高级业务经理和高级人力资源经理作为一个团队一起进入每一个学校。典型地，我们会做一个演示，通常这也是很多学生第一次发现麦肯锡集团处于 18 个行业中。接着我们告诉他们可以看案例分析的网址，邀请他们组成三人或四人的团队。

我们可以通过连续几个月的团队工作来解决这个案例分析或商业难题。2013 年我们有 17 个团队到达孟买。这些团队必须演示问题、可选方案及他们推荐的解决方法。我们的首席执行官作为评审小组坐在一起，从 17 个人里面选出 7 位胜出者。最后一轮是我们的主席坐在六位董事长的旁边，从最终的 7 个人里选出冠军和亚军。

他们有机会和主席及其中所有来自印度大型联合企业的六位董事长交谈，并展现他们的才能。这能极大地鼓舞士气。他们会把自己校园美好的经历联系起来。三四年里 Mahindra 的市场排名提升了，且到今天我们排在第 11 位。我相信2013 年，我们将会荣升至第 10 位。

有人会说这只是雇主品牌，但远不止于此。我们在和平均拥有 500 名学生的 17 所顶级商科学校沟通，实际上我们是在和大约 9000 名学生交谈。当 9000 名学生毕业离校开始工作后将会经营印度公司区域。五年内他们将会成为中层管理者，15 年内他们将会成为高级管理者——是明天的舆论发声者。尽管他们在这次竞赛中没有成功，没有进入最后一轮或进入了但没有胜出，但他们现在也会比之前更加熟知 Mahindra。

现在这个努力实际上有一个额外的好处，即每年这些人中的 9000 多人涌入公司，因此 10 年内在公司将会有 10 万人，他们经历了这段体验，有了这种视角，且他们所有人都知道我们是一家大型集团公司，也会看到我们是如何对待员工的。他们看到和理解了我们所承诺的和在工作中践行的道德和公司价值观。这在过去是集团内一个严守的秘密，现在成为了一个公共常识。

你将品牌与人才相结合的其他方式是怎样的？

我们创造了一个管理培训计划，简称"GMC"——集团管理框架（Group Management Cadre）。这意味着他们在第一年全部加入母公司，两年后他们有机会选择去集团内部的其他区域、业务或公司。人们持续从一个区域转移到另一个区域，六年后他们的职业生涯就被集中管理了。这意味着每两年内会有三个任期。六年后他们可以选择留在一个公司，在这里他们将会工作更长的时间。

我们在这个概念上做得非常成功，实际上我们的雇主品牌排名已经大幅度上升，为什么年轻的毕业生会更换工作？虽说金钱是一个原因，但更重要的是他们在第一份工作中感到厌烦。他们开始说自己一直重复做同样的事情，或者说自己已经不能学习新东西了。这通常是他们最大的抱怨："我已经学习不到新东西了，我现在所做的没有任何新内容了。"

通过创造一个集团管理框架，他们实际上可以从拖拉机摩托车转移到零售业，接着去母婴产品行业。通过这个计划他们可以去到IT服务业，且在IT领域，他们在客户网站上可能会被派到客户所在的任何地方。实际上他们可以通过美国电话电报公司（AT&T）或电信工作，帮助他们创造价值增值服务。

这迅速地改变了他们的观点，并塑造了他们的稳定性。甚至当他们同外部世界谈论的时候，他们对品牌的整体观点改变了。我们有16万名员工，也即现在有16万名员工每人每天在同组织外部的至少10名人员谈论。这就有160万名人员每天都会被我们组织工作的员工在日常生活中所接触到，一天160万人。如果这些人员有良好的体验，他们会赞扬我们的组织，160万名人员对Mahindra的评价每天都有积极的作用。

我最好的代表就是我的员工。客户当然是我的代表，但客户不会一直分享好的体验。

你有一套在整个集团运用的核心信息、主题或价值观吗？这实际上是他们每天的行为和语言，但你尝试去创造某种他们需要的共同核心理念吗？

我们有一个叫作 Mahindra 的房子。它有一个地基，是我们的核心价值观。主要有三大支柱——我们称之为"上升"（Rise）支柱——然后有一个"屋顶"（Roof），我们称之为核心目的。这三样东西维系着整个组织。

这三大"上升"支柱是：另类思维、接受无极限和积极影响。无论我们选择做什么，这些都是我们要做的三件事，我们始终应用这些测试。我们进行对社会产生积极影响且社会在那个时刻迫切需要的活动。

它用文件的形式较好地说明了我们集团的增长实际上反映了印度经济的增长。当印度需要运输工具和基础设施的时候，我们进入制造吉普车和运动工具业、多功能交通工具业，但不制造汽车——我们认为印度需要更多其他的东西。当印度由于广泛的食物短缺，不得不进口许多粮食而开始走绿色革命道路的时候，我们进入拖拉机、农具和杀虫剂行业。接着当印度开始进入电算化进程，我们进入信息技术行业。

当自由化进程开始时，中产阶级家庭的数量逐渐上升。很多中产阶级家庭一下子有了可支配收入。到 20 世纪中期末，我们拥有了更多的中产阶级，接着我们开展了吸引中产阶级的业务，比如房地产、建筑公寓、度假胜地——今天我们是印度最大的度假胜地公司。当今，我们进入 21 世纪业务：太阳能和可再生能源是当今的必需品。

人们看到这些大产业将有助于满足社会需求。这是一个很好的商业战略：你正在利用社会需求来创造一个业务。它们携手并进，而不是敌对者。

你的核心目的是什么？

如果你要用一句话来总结，那就是改善生活，对每一位与我们利益相关的股东产生积极的影响。

有时人们会关注客户而忽视他们的员工，在我们看来这并不是一种积极的商业模式。如果你关照客户而剥削员工,这就不是一种积极的商业模式。有些人同时关照好客户和员工,但他们实际上却压榨他们的供应商。这也不是一种好的商业模式。

一个大公司不能树立这样一个榜样,因为如果你压榨你的供应商,你就是逼迫他们压榨他们自己的员工和供应商……这是在同一个链条上的。你压榨你的供应商,然后他们不得不做出同样的行为,压榨下游的生产线以求生存,这将会在社会中产生一连串的负面影响。

全球化是如何影响你的努力的?

在英国或美国农村的某些人可能不了解印度或中国,但在纽约或伦敦的人会知道。在印度它是相同的。

我们认为需要更有成效地融入世界;尽管我们做了许多事情,但也仅限于自己对雇主品牌目的的响应。

我们选择了七所常春藤大学。我们说在全球招聘计划中,每年将从常春藤的每一所学校中选择一位学生加入。

我们只招收非印度人。他们来到印度并在印度工作两年,这是强制性的要求,尽管我们有全球业务。当一个来自纽约的中国人在我们的拖拉机业务中工作时,这位中国人说:"但可能会有做这些事情的其他方法……"正是这些人通过他们的互动教会我们很多,在不知不觉中,把他们别样的观点带给我们。

我确定你意识到有关多样性的研究以及多元化的团队如何在制定决策方面超越同质团队……

在印度不缺工程师,因此我们确保招聘的人员中大多数具有人文科学背景,因为他们会带来不一样的观点。我们是确保左脑/右脑平衡的信徒。

一些公司开始完全由工程师来驱动,一些公司开始完全由销售驱动。但我们需要二者的平衡。这里我们有一些方法来确保我们实现这种目标。

你如何通过品牌努力让这些全部聚集在一起？

我们研究已经存在了 12 年的文字商标。我们发现，它被认为是坚实的、可靠的、值得信赖的、温暖的、高品质的。它们是好的属性。许多公司想具有这样的五个属性，我们非常高兴。

但这些属性是由我们的生产背景所产生的。当你想要进入 IT 行业或金融服务业，或者你在高新技术行业，你如何将高科技元素引入你已有的五个坚实属性？

在 2012 年我们花了一整年的时间才想出了一个新的文字商标，当我们介绍它时，研究表明我们已经增加了两个属性。现在人们还在说高科技和现代化。因此我们又成功添加了两个，即高新技术和现代化，因为我们的业务组成已经发生了变化。

我们认为一个新的文字商标会有用，因为最终你的文字商标就像你的签名，通常人们基于你的签名对你形成一个看法。这对于你的外部客户和内部员工同样适用。你会发现它有助于巩固公司的新形象，不仅同样适用于外面的世界，内部员工也对新的 Mahindra 感到兴奋。

我们创新 Mahindra 仅通过简单地改变文字商标，我们的人员就获得耳目一新的感觉。但是除了这个文字商标外还有对"上升"（Rise）的想法。

告诉我一些关于"上升"（Rise）的事情。你决定使用一个标记线"Rise"，这挺有意思。

在 2011 年我们将"上升"并入 Mahindra。我们一直有一个核心目标及核心价值观。核心价值观是基础，核心目标是屋顶。我们说现在"上升"连接着它们。"上升"不是一个广告口号和手法，而是我们做生意的方式，它是我们的商业信条和经营理念。我们刚刚给它取一个名字，但那就是它。我们所做的一切都有"上升"的体现。个人的上升，社会的上升，每一个利益相关者的崛起，每一位与 Mahindra 相关的人都将会从中受益。

　　还有一个有趣的事情是，你不是一个具有人力资源背景的人，但你领导着公司人力资源委员会中心。

　　我们决定让一个营销人员来领导。这个决定是由集团执行委员会内部做出的，且我们人力资源集团主席自身支持这两个委员会应由一名营销人员领导。他认为我会带来一些品牌专业知识及激情：你做人力资源工作，并不必须要有人力资源背景。

　　员工是一个组织的最大资产；该组织或许相信它必须投资于机器、建筑和土地，但投资员工是第一位的和首要的。员工将会创造品牌。

　　品牌不会被建筑或工厂和机器所创造，那是绝对从来不可能有歧义的。

品牌、人才和工作的新世界
——Dave Coplin

Dave Coplin 是微软英国首席愿景官。正如我们所知道的，他是一个分解工作 1.0 的激情倡导者。他的观点在他的书《商业反思》（*Business Reimagined*）中得到充分的注解。

你如何成为微软英国的"首席愿景官"的?

这是一个非常简单的故事，真的，那时候我还是个 IT 小伙。我正处于我的整个职业生涯中。其中一点就是我是一个有远见的 IT 小伙。大约六七年前，我真正开始思考消费者导向的权力和系统性权力，接着我意识到自己在 IT 行业的消费者方面没有任何经验。

在微软工作的好处之一是在工作中有很多机遇。在后来三年里，我接触到了我们的消费者业务方面，但仍然持有在现代社会"技术支配一切"的观点。

在微软中比较幸运的一件事是我获得了这样的平台：让我们真正理解人类均等的一面。让我们一起讨论人类的未来。我知道在那个年代这有些过火了，但未来社会是什么样的呢? 人们怎样工作? 当我们对此了解多一些的时候，开始思考我们将需要什么类型的技术，或者我们需要什么样的政策来支持这种技术。

这些事情可以真正地结合在一起，显然地，微软的这个职位给了我一个平台，就理解我们思考的即将到来的事情来讲，处理所有不同的人如何使用技术都是同等的——不论他是我们最大的客户群体还是单一客户。

你讲了很多关于思维模式被根植了过时的模式和思维方式的事例。这种模式是如何在世界的品牌与人才观上发挥作用的?

有趣的是在这个意义上技术被人类利用是一个问题。我的关注点不仅是人类如何看待并利用技术,而是技术本身的局限性。我坚信大多数组织构造的方式可以追溯到几百年前,回到我们如何形成这种典型的发源于教堂和军队的命令与控制型文化上去。

由工业革命、制造业革命发展至当今的知识革命,精神文明也随之传播。不管我们何时掌握了新技术,我们倾向于做的就是利用它来复制以前经常发生的事情。

一个典型例子就是电子邮件。我们有一个类似的过程叫做办公备忘录,我在一张纸上写下信息,把它粘在信封上,并发送给你。接着技术出现了,我们要做的就是数字化这个过程。我们不用去想这个过程是否正确,不去想这个过程能否以另一种方式完成。我们将我们拥有的东西数字化。

通过电子邮件,我们发送备忘录变得如此容易、低成本且无冲突,以至于我们能发出更多的电子邮件。我们不落座讨论:"实际上我们有不同的沟通方式。什么是沟通这条特定信息最合适的方式呢?"我们有了这个工具,且想:"是的,很好,让我们一起使用电子邮件吧。"

随着时间的推移,你解决了生产效率的问题。工具已经取代相应的角色或工作的过程。

另一个例子是人们抱怨有了手机电子邮件设备,自己一天 24 小时一周 7 天都要在线。然而现实是,这些技术解放了你,它们赋予你力量,而不是监禁你。

一路走来,我们迷失了方向。我们已经忘记我们的工作实质上是作为成年人找到最合适和最高效的工作方式。我们已然变成技术的奴隶,我们一直做的都是技术允许我们做的事。

目前有趣的是,对于我来说由于消费主义盛行,最为关键的是我们的个人生活中有丰富的技术体验。它不特殊或唯一,而是日常生活中正常的一部分。

在工作中我们期望用不同的方式来做事情，而这是奇迹发生的地方。因为突然地，我想用不一样的方式来沟通与合作。我想主动地思考技术能为我做些什么。这是我觉得真正的改变即将开始产生的地方。

当你比较品牌行业的演变历程和社交媒体的出现时，你会发现一些有趣的相同点。

这发生在社交媒体。如果你仅仅想让你的客户以一种和你的品牌指导方针相符的方式参与到你的品牌中，猜猜会发生什么？什么也不会发生，没人会注意到你。

如果你记得我们已在路上，通过这个试验，这就像是社交媒体，当博客刚开始出现的时候，大多数公司做出规定，"禁止博客"。因为它是一个外部沟通工具，是一个公共关系，我们想按它本来的方式来运营。

现在我们获得了真正有趣的空间，在这里人们开始非常愉快地知道自己可以自主发言的事实。这在过去是有问题的地方，特别是像微软这样的公司，从内部来看，对外部的信息尚未准备好。例如，等待一个大的发布会。

我们对前几次大的产品发布做了许多改变——例如，Xbox 1，Windows 8。产品团队外的人对内部情况一无所知。我作为一名微软员工，发现 Xbox 1 的唯一途径是和大家坐在直播流媒体前观看它在西雅图的发布会。

但这是我们进行员工品牌激励的部分方式。这在组织内是成熟的，且我们通过社交媒体看到了这个播放，对品牌指导方针允许人们用他们自己的方式来讲述故事，因而得到了充分的放松，但不至于放松到偏离正轨。

这和功能性独立板块是一样的：你突然获知人们的家庭手工业，重新构想你希望因什么而成名以及如何实现——这是用他们的话来说的。作为主品牌这不是一个问题，但是它可以受到挑战。

（在此有必要指出，自从我们有了采访记录，我们已经宣称大规模的商业重组和结构调整，这能真正地解决我在此讨论的问题。你可能只想注意一下。）

坦白来讲，我们在微软以往也有这样的问题。在微软出现这个问题的部分原因是我们创造了太多不同的子品牌。

通常主品牌被遗忘了，被错误理解了，且没被思考。我在组织中的部分角色是让主品牌被注意到。我认为我们在员工敬业度及员工如何继续成为我们品牌的宣传者方面有太多的差异——以一种建设性的、非宗教的方式。

它授予人们品牌的力量，且帮助他们用自己的话语和方式来讲述我们的品牌故事，只要他们没有丢失核心意义。好消息是，我们刚刚已经宣布了一个主要的结构重建来帮助缓解核心意义的丢失。

除了技术，你现在有服务于营销董事的品牌机构，且有人力资源和服务于人力资源董事的人力资本机构。每个人都在按照自己的方式来做事。事实上，这完全是荒谬的。一个组织有一个品牌。它以不同的方式、向不同的观众、通过不同的媒体来表达自己。

我们解释并处理事情的方式是组织应当以共同目标为导向。你的品牌是什么，你的组织是做什么的？此外，挑战是赋予每一位员工去做他们能做的事情并帮助他们达成目标。

虽然这个挑战听起来很大，这意味着大多数人在组织内被组织化了。更糟的是，他们的工作已偏离他们想要的结果，因为他们关注于过程的标准化。我不再生产整车了，我正在制作零部件，我越快生产出越多越好的零部件，我的工资和补偿就会越多，我的奖金也是。车子的好坏对于我来说没什么影响，因为我是制造零部件的。关于改变或问题我认为有两个虽然细微但的确重要的事情。第一，如果我和那辆车的质量好坏没有关系的话，我除了制造零部件来使车更好外，我利用的技术未获得任何既得利益。我和更好的车的质量没有真正的联系。

第二件最重要的事情是敏捷性，如果你的组织设计注重程序而非功能，如果你的市场发生根本性的改变，由于你需要重新定位你的整个运营系统和流程，你就不能迅速地响应市场的变化。这样你就不能从制造汽车转向生产飞机或制作蛋糕，因为你在成立时就仅仅制作零部件。

首要原则是组织的产出，然后是战略性阐释。我们有时候会反过来，不是吗？

当然，在英国的雇员中，我想创建一个富有激情的团队，团队里的每一个人能够理解我们组织能够带来的产出。对于他们只能运用根据手稿来讨论的方式，我不是特别迷信地相信这个想法。

倡导合适的人选起到一定的作用。它表明了公司在倾听、参与和富有思想性。

我认为你必须让这些人亲自上阵。你必须帮助他们理解。有些人做对了，有些人直观地得到了它，但是我发现，你经历了一个周期。

现在，困难的部分是：解决办法是什么？

有趣的是，这里有一个来自微软的员工说技术和解决方案没有任何关系。

技术需要在那里，需要能够解决问题，但你通过拥有更好或更多的技术不能解决问题。我们使用的某种类似情况是：如果我把另一个电话放在你桌上，并不意味着你的沟通技巧或合作精神更好。实际上，它只是增加了更多的压力，产生有害的影响而非一个增进的效果。因此，现实情况是关于你如何思考经营组织的方式，但真正具体来讲，它是关于你如何授权给你的员工。

如果你单看组织结构，排除组织的等级制度，你组建了一个有机体而非组织，这个有机体能够适应、变化，且能塑造和停留在你发现的位置和市场。我们接触到的最好例子就是企业社会化网络服务（Yammer）。①

虽然这个工具非常好，从我的观点来看，更好的是管理团队如何经营这个组织，你将要看到的是难以置信的领导力概念，而非管理。对于企业社会化网络服务（Yammer）的领导者来说，他们全部的工作是打破常规。他们想确认其授权

---

① Yammer 是 2008 年 9 月推出的一个企业社会化网络服务，但随着 Yammer 平台上功能和应用程序的逐渐增多，Yammer 不再仅是一个通信平台。这些新的应用程序包括投票、聊天、活动、链接、主题、问答、想法等。它提供的 Activity Feed（活动源）可以聚合同事们在所有企业应用程序中的活动，而且用户还可以对内容进行关注。Yammer 拥有超过 500 万已认证的企业用户，其中包括《财富》杂志 500 强公司中 85% 以上的员工。Yammer 的基本版本是免费的，用户可以付费升级其网络以获得高级的管理和安全控制、与企业应用之间的整合、优先客户服务以及指定的客户成功管理人等服务。Yammer 已经筹集了约 1.42 亿美元的风险资本。——译者注

给每一位员工，让他们在组织中来面对自身的整体结果。如果他们必须来请求允许，或必须从领导那里获得签字，那么这个领导就失败了。他们如何做是非常重要的。

等级制度在这里几乎不存在，所以任何人都可以询问其他人，这是一个全部开放的谈话。这让人们能够探索他们带入组织的技术，不仅是他们被雇来做的那些东西，而是能真正为组织增加价值的东西。

从管理的角度讲，这是最具有挑战的部分。你必须有效摒弃社会上已存在几百年的命令——控制思维模式。你必须说："你知道吗？我想让我的人做他们认为对的事情。"

这就有些像网飞公司（Netflix）①的做法和它的企业文化。对于我来说有两件比较突出的事情，第一就是他们没有休假。你可以在你想要的任何时候去休假。第二就是他们唯一的开支政策是："从网飞公司的最大利益出发。"

当你对人们做出那样的行为时我们看到了以下事情发生：你授权给人，你说，"我们相信你和我们一起对自己做的事情表现出专业性"。突然地，我不仅为我所能给予的感到激动，而且我也对此事负责。我希望它是好的。我会出色地完成任务和努力地投入到工作中，原因是，"嘿，这些家伙信任我。这简直令人难以相信"。比较我们之前在的地方，在那里人们对个体进行微观管理，那里没有关于怎样完成任务的讨论。

领导者和经理之间的区别是，当一个领导者被他的老板要求去做事情的时候，经理会接受那些任务并将不同的任务分解给不同的成员。一个领导者则会接受那些任务并将它展示给团队说："好吧，就是这个任务。我们要怎么去做？"因此我认为授权是给组织带来变化的核心。它提供了授权的一些杠杆效果。

我想告诉你一个个人的小故事。有一天我在企业社会化网络服务（Yammer）

---

① Netflix 是一家美国公司，在美国、加拿大提供互联网随选流媒体播放，定额制 DVD、蓝光光碟在线出租业务。该公司成立于 1997 年，总部位于加利福尼亚州洛斯盖图，1999 年开始提供订阅服务。2009 年，该公司可提供多达 10 万部 DVD 电影，并有 1000 万的订户。2007 年 2 月 25 日，Netflix 宣布已经售出第 10 亿份 DVD。

公司，正在讨论我们在西雅图的公司店铺里 Bing 品牌运动衫短缺问题的谈话。谁应当在千钧一发之际担当重任？除了 Qil Lu。你知道，这个人处于公司的最上层，他回答说："严肃地说，我们的运动衫短缺了吗？嘿，Adam，听着伙计，你能去把它分拣出来吗？我们需要更多的运动衫。"

现在，旧学校里我们说："他有更好的处理自己事情的时间吗？"在新学校，人们像我这样，看到这个说"天啊，简直不敢相信"。这个家伙不仅是对战略感兴趣，他还拥有我们所有的长期方向。他沉浸于我们每日所必须做的事情上。这令我感到有些骄傲和自信，也使我感到自己是这件事情的一部分，我可以提供援助，我可以和这个家伙聊天，如果我曾经想过这是一个问题的话。

这就是这种合作所带来的所有感觉及文化性的改变。它从根本上改变了我们思考工作世界的方式。

第二章

人才理论

第一节　人才的相关理论

对一个工人行使真正有效的纪律的是他的客户。正是对失去工作的恐惧制约着他的欺诈行为并让他改正过失。

（Adam Smith）

一、在人们加入企业之前、期间以及之后

Adam Smith 几百年前说过：人才推动商业成果。"人才议程"涵盖了所从事的、雇用的让企业成功的相关人的活动：你如何使他们意识到你；你如何吸引他们；你如何雇用他们并把他们带入企业；你如何管理他们、激励他们、奖励他们、发展他们；你如何确保他们知道你的目标在哪里，他们扮演什么角色能将你带到那里；当他们决定前进时你如何处理。因此，这一议程涵盖了诸多方面，需要一套非常复杂的技能和能力来有效管理。

员工参与是这些与人才的有效识别、选择、入职、发展、绩效管理和沟通混合作用的结果。换句话说，如果你能吸引合适的人，让他们入职，鼓励他们，并赋予他们发展事业的机会，让他们表现好，那么他们就是"参与"到企业中了。他们会更幸福、更有效率、更忠诚、更能提供努力、在企业待得更久，成为品牌的拥护者。

对于企业参与，我的定义是：[1]

员工在当前工作背景下，关心以及愿意为他们的客户、同事、公司和社区做额外工作的程度。

二、一点历史

作为企业管理准则，"员工参与"的理念，从最前沿的内部沟通思想和企业发展理念的交叉中产生。也许最重要的拐点是 Heskett 等在 1994 年 3 月于《哈佛商业评论》(HBR) 发表的一篇有趣的文章，它描述的是关于美国零售商希尔斯 (Sears) 有意将员工参与、顾客服务以及利润相连接的经历。[2]

基于 Reichheld 和 Sasser[3] 之前的工作表明，顾客忠诚度每增加 5%，产品利润将增加 25%~85%，Heskett 等继续研究客户忠诚度和员工参与的联系（然后测量满意度）——希尔斯发现员工参与度 5 个单位的提升将会使顾客满意度增加 1.3 个单位，并可能会在收入上提高 0.5%。同时，鉴于人力资源和员工沟通向企业管理层表明他们工作的商业战略价值，这是天赐良机：他们现在有准确的数据来证明他们努力提高员工参与度的价值所在。

随后的研究已经复制和验证了这个模型和它的总体结果。Gallup 的数据[4]显示了高度敬业的员工带来的非常具体的、可衡量的效益，包括：

● 顾客等级

● 盈利能力

● 生产力

● 周转率（高周转率和低周转率企业）

● 安全事故

● 收缩（偷窃）

● 旷工

● 质量（缺陷）

Gallup 的数据（以及倾向于支持总结果的相关研究）表明，员工参与度排前

1/4 的企业在顾客评级中相比最后 1/4 的企业领先 10%，盈利能力领先 22%，生产力领先 21%。前 1/4 的工作单位也具备较低的周转率（高周转率企业是 25%，低周转率企业是 65%）、收缩（28%）和旷工（37%），以及更少的安全事故（48%）和质量缺陷（41%）。[5]

Gallup 其余的研究也表明：

员工参与度或顾客参与度得分高于中位数的工作组在商业效率方面是那些在两方面都低于中位数的企业的 1.7 倍。但平均来说，员工参与度和顾客参与度得分都高于中位数的工作组在商业效率方面是那些在两方面都低于中位数的企业的 3.4 倍。[6]

企业领导力委员会（Corporate Leadership Council，CLC）也在这一领域开展重要的研究[7]。他们的模型类似于服务利润链。

三、企业领导力委员会参与度模型

图 2-1 展示了这个模型。

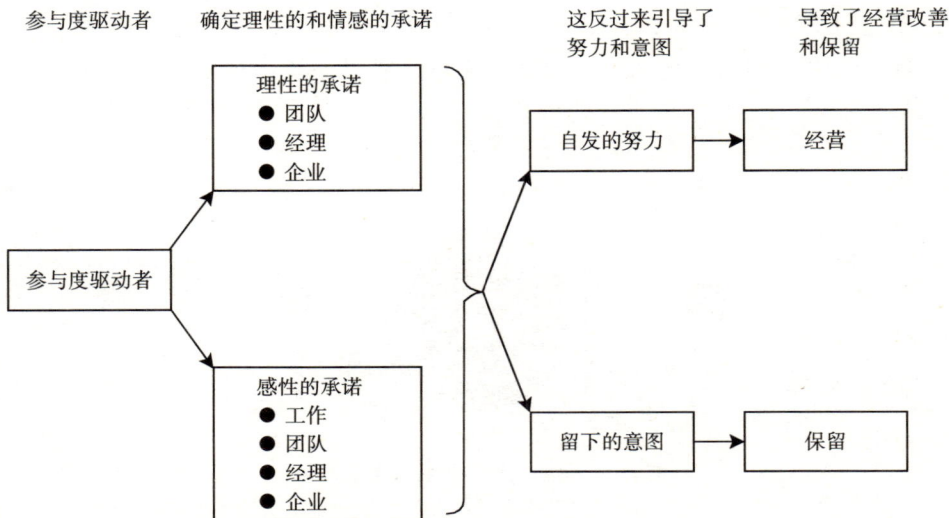

图 2-1　企业领导力委员会参与度模型

资料来源：转载内容已得到会议委员会公司的许可，版权所有：© 2014 The Conference Board, Inc.

企业领导力委员会的其他发现也足以吸引一个人的注意——数据显示，在这个模型中，除了有效的参与方面，而且也为外部人才有效的管理方面带来了巨大的商业利益。

四、企业领导力委员会人力资源 EVP 框架

图 2-2 展示了这个模型。

还有一系列的研究也发现了服务利润链模型，Gallup 和其他的研究［例如韬睿惠悦的全球劳动力研究（Towers Watson Global Workforce Study）……在本书的结尾处提供了资源列表］也得到类似的结果。

同样重要的是，所谓的"人才大战"仍然存在而且还很活跃，即使是在经济低迷的时候。世界各地的企业经营和发展的愿望，仍然受制于无法获得他们需要的能够实现目标的人才。普华永道全球首席执行官调查[8] 发现：

● 58%的首席执行官为获取他们需要的关键技能而担心

● 与此同时，23%的首席执行官（在西欧是 40%）计划裁员——代表他们真正需要的是那些充分参与毫无保留的员工

● 57%的首席执行官由于对市场缺乏信任，将会提高他们对于道德行为的关注

吸引力收益

5 种 EVP 因素

承诺收益

奖励　　员工

● 降低了 50%的所需补偿费

● 使企业以 50%的程度深入吸引在劳动力市场上积极的求职者

机会　　工作

企业

● 将新雇员的承诺率提高到 29%

● 将雇员的承诺率提高到 37%

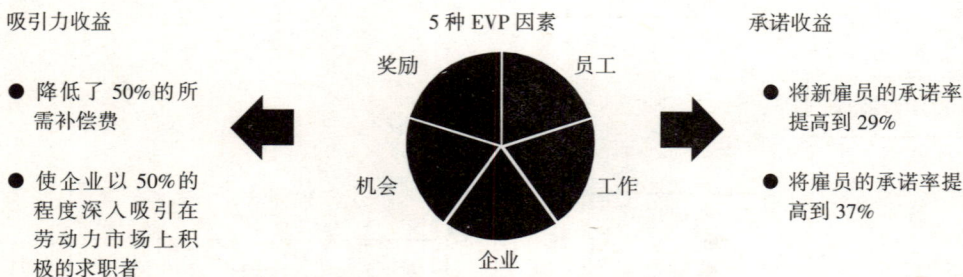

图 2-2　企业执行董事会公司的模型

资料来源：内容转载已得到会议委员会公司的许可，版权所有：© 2014 The Conference Board, Inc.

● 77%的首席执行官计划重新思考雇用人才的方式。"但是首席执行官们在过去的六年里告诉我们同样的事。这说明他们的改变不奏效。显然，既定的人才战略变化是必须的。"

● 他们中的 79%说在企业中发展领导力的最有效的方法就是在战略决策中将经理置之于外——但是只有34%的人在实践中做到了这一点

● 1/3 的首席执行官相信"绩效支付"的模型不奏效[9]

所以在本质上，讨论是简单的。比如得到员工吸引力、保留和参与权，有着显著的商业利益：

● 在员工积极参与的企业中，总股东回报/每股收益倾向于更高

● 在员工积极参与的企业中，外部品牌资产、客户接触及客户忠诚度较高

● 在员工积极参与的企业中，对表现好的人才的吸引力、表现以及保留也更加高效

● 员工积极参与且在市场上有强大人才品牌的企业，招聘和留住高绩效人才的成本较低[10]

五、那么，企业为什么奋斗

因此，说服一个企业的领导在"吸引员工"这一问题上投资，将不再必须找到证据。如果企业的情况如此明显，世界上在内部沟通、人才吸引、人力资源管理和员工参与方面充斥着"最佳实践"，为什么会有那么多的企业努力吸引、鼓励并留住它们所需要的人才？

问题如下：

● 怎样——是获取优秀文化和具有积极人才声望的最佳方式？

● 谁——应该首先做出努力？

再一次地，我们又回到了以功能为导向的管理理念这个问题，解决了本质上跨功能且多学科的挑战。在外部市场发生的快速重大的变化超过了（或者至少延

伸到附近的断裂点）人力资源、营销和交流的旧世界独立板块的能力，来有效应对挑战，这其中有一些社会、经济和技术的原因。

第一大转变，毫不令人惊讶，随着互联网、社交媒体的崛起，信息的获取难度和透明度都达到了前所未有的规模。一个企业过去能够与"被动的"受众交流，而不需要担心混杂的信息，因为媒体和受众没有过多的交叉。但情况已经不再是这样了。你所说的每一件事对于你的受众都是更加可见或不可见的，无论是内部还是外部。

第二大转变，与第一个相关，是媒体的碎片化。内容已经按贡献方式分开，所以渠道所有权——尽管比以往更便宜、更容易——不再是一个能向任意特定观众传达任意内容的必要条件了。

第三大转变，每年埃德尔曼全球信任度调查都充分证明，[11] 世界各地的人们越来越不再相信公司、首席执行官、企业高管和政府对他们说的话。

如果把这三个外部动态因素对应着内部的因素排列开来，以功能为导向的思维模式很显然是在排列中的超越"跨职能工作"的解决方法。不得不说，跨职能的工作是个不错的起点——让我们简单看看如今大多数企业的情况是什么样的。

六、品牌和人才议程的功能归属

表 2-1 列出了一系列关于品牌和人才议程的"摩擦点"。

表 2-1　品牌的功能归属

问题/任务	功能所有权	摩擦点
招聘/人才获取	人力资源 （人才获取）	● 人力资源部门创造独立的"雇主品牌"趋势，以便于在人才市场上进行区分——有时会导致与企业品牌和营销信息相关的潜在的市场混乱
内部交流和员工参与度	各种各样，但是典型的有： ● 人力资源 ● 企业交流	● "员工参与"是一个广泛的话题，它涉及工作场所的各个方面 ● 在这种情况下，即使限制企业"照往常一样经营"的文化、行为和表现，相关问题仍然很广泛

续表

问题/任务	功能所有权	摩擦点
		● 内部交流有时被视为独立的，取决于企业对"参与"的定义（所以你可以有一个团队"交流"和另一个团队"参与"） ● 个人功能分配"所有权"成为有疑问的和政治性的 ● 人力资源模型有时与市场营销和沟通模型冲突
员工品牌参与度	品牌/营销	● 顾客/客户关注的消息与员工参与度和沟通的努力看起来是冲突的，或是相互竞争的 ● 品牌和营销模型有时和人力资源模型冲突
同行关系	各种各样，但典型的有： ●企业交流 ●营销 ●人力资源	● 从招聘和声望的角度来看，同行是人力资源的受众，从商业的角度来看，同行是营销的受众
销售，营销，广告，媒体关系	企业交流，营销	● 媒体的分散和受众的整合使这些受众更容易接近——换句话说，人才市场看到了商业市场所看到的一切；反之亦然
内部商业计划	按功能	● 比如——新的定位；全球移动；重组；新战略；新领导；收购/兼并 ● 所有计划都需要前所未有的联盟和协作
……	……	……

当然，许多企业都能很好地管理这些摩擦点，并表现得特别好。但还是有相当多的企业因为无法成功有效地管理跨职能的任务而无法很好地发挥潜能。通常，功能议程看起来似乎掩盖了企业议程——有时是出于好的意图，但有时则不是。

获奖者

有趣且值得注意的是，许多"获奖"案例研究"人才和参与"的空间，证明了这一点：他们经常基于（或通过）功能导向的企业或协会被奖励——例如，英国特许人事发展协会（CIPD）；特许公共关系学院（CIPR）；国际商业传播协会（IABC）；内部交流研究所（IoIC）；设计大奖；品牌奖；等等。虽然这些奖项包括一系列跨职能类型的参与交流活动，其中大部分为企业或协会带来了赞助。真正的综合奖项和最佳实践共享框架的例子相对较少——如果CIPR和CIPD与IoIC联手创办一个综合项目难道不是很好吗？

即使在员工参与的领域内，人们也能找到跨职能的竞争或摩擦。有企业分别将"内部/员工交流"作为沟通功能，"员工参与"作为人力资源功能的例子。这种重复的努力出于一种愿望，希望将企业发展和经营纳入人才管理和参与议程，但它的理念在方向上是错误的。正如在外部交流和参与的世界里，口号是一样的，所以在企业内部也是一样的。

在我看来，"参与"是以一种整体的方法管理员工的结果，而不是分出不同职能的难题。比如——引用自微软的 Dave Coplin——老一代的"过程标准化"的计件方法。如果我们想将制造汽车的工作分解，让我们把这个过程分解成一系列的小部件。"我不再生产汽车，而是制造小部件"[12]，"这只会有助于员工从新的拓展的内部功能交流中收到不相关的信息和交流。这就像是向一个快要淹死的人泼水"。[13]

但是我们在得到整体方法之前，还是先了解一下这个方法之外的基本元素。下一节的内容将会覆盖有关员工参与的良好实践的基本信息，使用员工生命周期的理念（或员工经历）来研究需要的准则和活动。

本节注释

［1］Adapted from Keohane，K（2007）*The Gower Handbook of Employee Communication*，Gower Publishing，Aldershot；and *The Talent Journey*，Verb Publishing，Royston，Herts，2009

［2］Heskett，J et al（1994）Putting the Service-profit Chain to Work，*Harvard Business Review*，March

［3］Reichheld，F and Sasser，W E Jr（1990）Zero Defections：Quality Comes to Services，*Harvard Business Review*，September-October

［4］［5］Sorenson，S（2013）How Employee Engagement Drives Growth，*Gallup Business Journal*，June

［6］*Gallup Management Journal*（2008）When Engaged Employees Meet Engaged Customers，February

［7］Corporate Leadership Council（2004）Driving Performance and Retention Through Employee engagement

［8］PWC（2013［accessed 11 October 2013］）16th Annual Global CEO Survey［Online］http：//www.pwc.com/talentchallenge

［9］Dan Pink 的 *Drive* 和其对于动机的解释很值得一看——为经营支付可以减少结果，当任务本质上很复杂，而不是常规时。参见 Pink，D（2011）*Drive：The Surprising Truth about What Motivates Us*，Canongate Books，Edinburgh. 如果想看到更加直观的解释，请在如下网站观看出色的动画短片：http：//www.youtube.com/watch? v=u6XAPnuFjJc［accessed 11 October 2013］

［10］Keohane，K（2010）*The Talent Journey*

［11］http：//www.edelman.com/insights/intellectual-property/trust-2013/［accessed 11 October 2013］

［12］所有的访谈都在第一章访谈实录二

［13］一首鲜为人知的由 James Carr 演唱的 R&B 歌曲，在 1966 年的 R&B 榜单上排列 23 名

人才吸引理论[1]

我的祖父曾经告诉我世界上有两种人：工作的人和拿信用卡的人。他告诉我要努力成为第一种人：因为竞争会小一点。

(Indira Gandhi)

一、这是一个过程

雇用人才是在人们加入你的企业之前开始的，并应该在他们离开后继续保持。因此，在本质上，它是而且一直是一个需要多准则、跨职能理念的任务。随着媒体的扩散和分散，以及企业关于未来、当下、过去对话的各种学科的重叠，在这个日益复杂的利益相关者的环境里，这种整体的看法变得更为重要。

观察一个个体在企业中的整个生命周期，有一件事情应该非常明确：在任何一个方面（或者过程中），专家的专业知识都是必不可少的。但更重要的是，要有管理这些不同的联系和不同阶段的关系的意图和能力，以创建一个有凝聚力、连贯的周期。雇用人才与企业的环境，顾客和人才的市场条件，个体不断变化的议程，以及竞争对手对人才的议程有关——因此，这是一个复杂的自适应系统。在这个相互关联的系统中，任何单独部分的变化、交流或是行动都会对系统的其他部分产生意想不到且难以预期的效果。虽然如此，一个相当大的重复问题通常可以被避免，而且通过更加全面的方法会更加有效率。

正是因为这个原因，许多员工参与、组织变革、人力资源和其他变革工作有时不能达到他们想要的目标。由于过分集中于一个单一的部分，他们可能会在系统的其他部分造成断层、噪声、混乱甚至更大的问题。企业普遍存在着这样的问题——员工们经常接收到来自营销、IT、人力资源、财务、行政部门、经理、改变交流团队以及"像以往一样的内部交流"的不相关的信息。每一个通过结构和准则进行管理的企业，在信息超负荷的重压之下都将摇摇欲坠。

真正的挑战是确保企业的领导落实一个简单而单一的、确保每个人都关注的核心理念。这不是一件容易的事，仅凭自己就可以轻松"占满一本书"。但是管理你的品牌使其不仅进入生活，还要创造一个我们在前一节讨论过的有效的人才引进战略，才是成功的关键。

这个简单、单一的理念或观念可以来自很多地方——在第三章的第一节到第五节，我提出一些认为非常有效的观点。也许也是你的观点，或者你的价值观。也许是你的战略，或者你的使命。它可以是很多事情——但关键是要确保有一个想法或通过它，一切都与它看齐，并采取建议。还记得第一章第二节里 XYZ 的例子吗？许多企业，包括那些无论如何表现都好的企业，最终发展都一样。想象一下如果它们专注于一个大的理念而不是 20 个的话，它们会如何表现？

一旦你有了这个理念，将许多变化的功能性需求通过员工生命周期相连，那么企业发展将会变得更轻松和多产。

二、员工生命周期

员工生命周期（有时被称为员工旅程，或员工经历）是一种从员工的角度，思考他们在企业就职之前、之中、之后的经历的简单方式（见图 2-3）。

它始于他们对品牌意识的水平——他们心目中对企业的声誉的看法。然后，它涵盖了他们对作为雇主的你的看法。假设他们想为你工作，那么它就涵盖了他们（和你）愿意为彼此工作的努力。然后，一旦他们在合约上签了字，关于他们

01 品牌	02 人才品牌	03 招聘经历	04 加入经历	05 工作经历	06 离开经历
作为企业，在人才市场上的声誉	作为雇主，在人才市场上的声誉	寻求的影响以及为潜在雇员创造的经历	为新雇员创造的经历	为现有员工创造的经历	为那些因为各种原因离开企业的人创造的经历

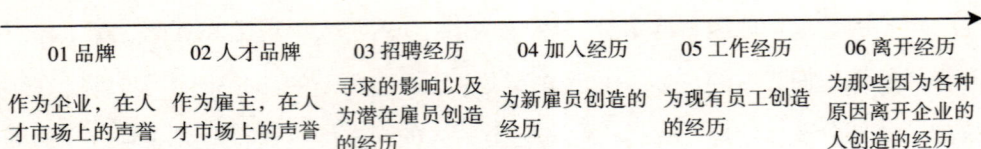

图 2-3　员工生命周期

加入你的企业的经历，他们的就职、培训、薪酬、奖励、认可、事业机会和公司企业文化——基本上，这些将是他们作为员工的全部经历。在某个阶段，他们决定不再和你一起工作了，他们决定离开。你和他们的雇佣关系在他们离开你之后还会持续很长时间。

我们将要把员工生命周期分解成这些部分并从细节上讨论——但是有一个问题你可能需要像我们一样考虑：作为一个紧密结合的过程，我对企业管理的如何？谁做了什么，什么时候做的，怎么做的，为什么？它们有联系吗？连接整个经历有清晰的思路吗？或者有没有哪一领域是我们所说和我们所做很容易不匹配？像大多数企业一样，很有可能会两种情况都存在——但是考虑这个问题可以帮助你关注你最大的价值以及与你的员工个人就业经历之间的联系。

（一）你的品牌

尽管我们已经提到了，品牌就是每位受众所认为的、感觉的和相信的有关企业的总和——包括你对客户、员工和其他利益相关者意味着什么——在某种程度上，很多人不会自然地或主动地认为你是雇主。因此，出于讨论的需要，我们已经将这一接触点包括在内。

因此，人们遇到的关于你的第一件事就是你的品牌——你的声誉。它受市场营销、广告、公关影响，以及媒体对你的说法，还有你的办公室、标牌、网站、送货车辆、员工、前员工、客户和老客户，以及监管机构甚至竞争对手影响——涉及整个宇宙的利益相关者。

随着技术的发展和渠道的激增，人们变成了更加成熟的媒体和信息的消费者。现在，他们不再只是消耗媒体，而是其中许多（如果不是大多数）现在开始生产它。接触点已经变得越来越多，你的受众有更多的选择且可以发出更大的声音。

优秀的公司发现这一接触点已经充满了他们作为雇主的声誉——自发的问题一般包括像"他们有优秀的员工"或"这是一个杰出的工作地点"。在许多情况下，这些公司在消费者或客户信息中包括一些与就业相关的信息。

最后的关键是，每一个企业都有一个他们力图创造、建造和维护的首要的声誉或品牌。你作为雇主的声誉是这个问题的重要组成部分，如今，在人才缺乏的市场上，没有任何企业能够长期忽视它。因此品牌、营销、交流和人力资源都需要扮演重要的角色和选择一个最终的重大利益。

（二）你的人才品牌

2012 年 LinkedIn（领英）白皮书在研究"为什么雇主品牌很重要"中发现，一个强大的雇主品牌（由对公司拥有积极印象的员工创造）在雇员考虑工作时作用是整体强大的品牌的两倍。所以在下一阶段，当一个人考虑为你的企业工作时，这至关重要。这是你的品牌整体的重要组成部分，而且从求职者的方面考虑，它是最重要的——对于现有的和过去的求职者而言都是，他们对它都有重大影响。

像你的整体品牌一样，你作为雇主的声誉并不是完全在你控制之下的。你所能做的最好的事就是通过清晰、一致性、和谐来积极地影响它——取决于你说什么。你说什么，怎么说，在哪里说，以及你做什么，如何做，什么时候在哪里做——都有着重要影响。无论它是否在线，是否在你的零售环境中，是否在你的办公室和工作场所，你的广告、文章、新闻、投资关系、口碑、社交媒体、内部交流、员工参与、人力资源政策和实践，以及改变管理——所有这些东西结合起来，创造出你的企业是一个值得工作的地方这样的观点。

明确术语也是很重要的——在这一主题上，有许多令人困惑的变化。如果你需要依赖专业术语，我建议你考虑一下如下的方法。"雇主品牌"或"人才品牌"是你力图影响的人才市场上的声誉。它存在于你的受众的脑海中。你不用将"雇主品牌"作为一个项目——它是各种活动的结果。

另外，你决定了自己如何被人们理解——"就业价值命题"或"EVP"。有些人把它称为雇主价值主张（过于注重企业的观点），也有人称之为员工价值主张（过于注重员工个人）。因此，出于这个原因，我建议保持平衡，因为这是一个双方共享的互惠安排。这是你作为雇主和雇员将要分享经验的承诺。

有许多所谓的"雇主品牌"服务供应者，寻求帮助改进和表达企业的 EVP 来影响他们的人才品牌。通常这些都是由人力资源部门委托——理想状态下，与市场营销和品牌管理协调合作。最终的目的是在整体品牌的背景下表达就业经验，以正确的方式来做企业；与你的受众相关；并区别于你的人才的竞争对手：

● 真实的。企业和它的文化必须是真实的。正如你对品牌和声誉管理做出的努力，说一套做一套是破坏品牌价值的最快途径。如果它不反映实际，即使你提出的一些相关和与众不同的事情，也就不那么重要了。

● 相关的。它必须是有趣的和吸引受众的。关于一个企业和它的文化总有一些有趣的事，不论它的大小、部门和地位。如果不吸引你想要的人才，那些真实而与众不同的东西并没有好处。

● 与众不同的。它必须与其他企业有所区别。它不应该为了不同而不同——差异必须有意义。如果你所有的竞争对手都说同样的话，那些真实而相关的东西也是没有好处的。

对于"雇主品牌"的努力，风险之一就是，在现实中，他们要么热衷于夸张的为期 2~3 年的招聘营销活动，要么试图创建一个"子品牌"或与人力资源相冲突的虚荣的品牌，对你为整个声誉管理所做的努力造成混乱。再者，当发展你的就业价值主张的时候，吸引最广泛的可能的范围的利益相关者是重要的。

另一风险是在就业价值主张上，只应用于外部受众。它应该涵盖整个员工经历。因为你的企业不仅为人才市场提供外部经历，还必须兑现做出的每个承诺，并在内部与合作者一起实行它。这是管理和经营企业已有人才的一部分——以寻求发展和保持。

第三章第一节到第五节提出了一个强大的方式来确保 EVP 的定义、联盟和有效的执行。

（三）招聘经历

吸引和获取潜在人才是实现 EVP 和积极影响人才品牌的一个重要组成部分。人才短缺被证明是一个持续的挑战和企业成长的障碍，即使在全世界经济不确定时代，这也不再是一个后台功能，而是经营和增长的关键驱动力。

需要重点理解的是，人才获取战略不仅要寻找求职者，而且要寻找合适的求职者。如果你获得了 EVP 权利，它相当大的一部分作用是使那些不适合你企业的人，以及进入你的人才获取过程会消耗你时间和资源的人偏离开来。终极目标是用更少的资源获得更高的质量。

雇主品牌较弱的公司雇用每个员工的成本几乎是雇主品牌强大的公司的两倍。[2]

人才市场是一个日益复杂的系统。传统的经济假设——人才市场是地方性的，正在掉头。因此，招聘经历是完全整体性的，你在尽可能多的相关和有效的接触点管理它。这包括：

● 网站（不只是职业网站）

● 事业网站（不只是你的网站）

● 社交媒体

● 线上和线下的招聘广告

● 工作板

● 公关和媒体关系

● 员工推荐

● 招聘中介管理

● 机构关系

● 更多

每一个与人才（以及潜在的有关人才）相关的沟通需要与品牌和 EVP 相连接——这样，你就是和有潜能影响你声誉的利益相关者互动，你正在形成一个连贯的、可信的、清晰的画面。如果你在不同的时间和地点对不同的利益相关者说法不一——这显然会降低吸引优秀的人才的效率。你如何去市场招聘人才与作为企业你是谁以及如何管理业务有关。

也要注意那些你不为之提供就业机会的求职者，他们对你的名声也有影响。把每一个申请者当作一个潜在的品牌宣传者——即使你对他们说"不"，他们也应该有一个积极的体验，虽然他们可能不会成为一个纯粹的企业推动者，至少可以防止他们成为企业的批评者。当提到这个问题的时候，密切关注你的招聘中介——他们往往可以对你的企业声誉造成重大损害，而你甚至还不知道。

> 这不只对于招聘毕业生的入职人才或有经验的员工来说是正确的。企业往往善于应对这些挑战，然后对他们带入管理层的人才不去应用最基本的品牌和企业文化过滤。想了解更多有趣的观点，阅读第二章访谈实录四对 Bob Benson 的访谈，他是世上最受人尊敬的人力高管之一。

（四）加入经历

与培养一个新客户一样，"你永远不会有第二次给别人留下第一印象的机会"。不相称的员工流失往往发生在前 90 天内。[3] 这是昂贵和耗时的。

在如今这个招聘经理为资源惊呼的环境下，尽可能快地雇用新人扮演新角色而面临的诱惑实在太容易让人屈服。但是，让员工舒适、自信并且迅速适应企业文化是至关重要的。否则，所有的你做出的那些伟大承诺可能看起来很假，让你的 EVP 无法实现。

那些大规模、表面上成功的企业甚至也在与这个问题做斗争。但在人们真正准备好承担自己的角色之前，有一个虚假的"各司其职"的经济——在员工找到真正的计划和方向之前，他们很容易失去一个月、两个月甚至半年的生产力。如果你雇用了合适的员工，并且在这 90 天里以一个有计划的、有管理的、和谐的方式让他们入职，你就不必再回到原点。

入职管理在员工加入之前就可以开始了。领先的企业［如在欧洲的可口可乐公司（Coca-Cola）］提供了一个新人的内部网，这有助于保持新员工的热情，并在他们加入前就开始入职过程。这使他们能够与他们的新团队相联系，阅读类似的行为守则，甚至完成一些行政文书工作。这也确保入职并不只是常规的入职培训，健康安全、环境、过程和形式——让人们与文化和品牌相连。以一种互动的和参与的方式做这些，人们会更快地觉得他们是企业的一部分。开始这几天的投资会在之后的日子里获得回报。

（五）工作经历

日常的工作经历也应该执行 EVP。传统上，这是人们谈论"员工参与"的地方——但真正的参与是整个过程，而不仅是这一部分。

非常重要的是认识到，没有一个单一功能或实体拥有员工参与——就像你和你的客户，没有一个功能具有那种作用。最好的参与努力和实践包括有意识地管理整个业务，并明确地通过人力资源、内部沟通、企业发展、财务、信息技术、营销、企业沟通、变更管理、领导和管理这些关键职能，共同管理整个业务和共享。

如果企业的一部分明确或含蓄地，以一种不协调的方式管理员工参与，风险就出现了：

● 努力倾向于有偏向的功能视角，因此不会被完全整合，并且仅会处理员工参与场景的某些元素

● 在企业的其他职能和领域中，努力将获得更少的购买和承诺

● 因为他们将从职能预算中应用较少的资源，努力将不再具有大的影响力

● 因为不同的利益相关者用不同的方法追求不同的思想，不共享议程，努力可能是低效率的且很有可能是重复的

第三章第一节将讨论一个值得推荐的方法来确保这些风险减轻——很大程度上是通过创建一套从领导到每个员工、整个企业支持的想法。

即使你不采取这种方法，成功的关键因素也与一个关键的概念或是一套想法相联系。这其中有视觉、价值、使命、战略、以顾客为中心、员工议程、企业责任和许多其他因素。因为明显的原因，你的品牌和定位可以形成一个非常强大的

核心企业原则。但无论你选择什么原则，都要确保所有的事情都以一种明智而谨慎的方式与其相连。

许多从业者在这些至高无上的一个或多个潜在的核心企业原则中都有一个深深的信念。当然，都会偏向于他们的视角。很可能，人力资源想要看到关于人力资本和员工议程的重心，然而营销将从客户的角度来看等。

1. 人才管理和职业发展

部分经历将包括与人力资源相关的交流和参与的问题，比如风险管理、企业发展、职业规划、绩效评估、培训、学习和发展，奖励和认可，以及相关主题。对于一个表现良好的企业这是至关重要的内容。更重要的是，这些与企业核心原则相联系。通常地，独立的想法或计划（甚至是内部的子品牌）从功能视角吸引与众不同和具有影响力的东西，被证明会让员工困惑，并为企业加入了"噪声"。

你的员工就是你的品牌，如果这是老生常谈的话，那么它遵循人力资源交流——在设计、色调、信息和内容方面——应该对受众流露并表达你的品牌（EVP元素是其中的大部分）。更好的是，操作方法和流程也应体现品牌和EVP。作为企业价值或品牌属性，支持"简单化"，然后部署职业发展和高级的人力资源的能力框架是没有好处的。

越来越多的企业在这一空间中表现得很好，它们将其人才管理议程转移到一个更具战略性的空间。尽管在线上和其他地方有充足的资源，领导实践似乎是一个长期的通往资源渠道的方法。

这意味着企业在鉴别他们想要什么，需要在未来三到五年里实现业务增长，以及鉴别他们需要得到的人才，然后反过来鉴定他们已经拥有的人才（可以发展的）和他们还未拥有的人才（需要吸引的），来建立一个更加长期的管理战略。这种方法包括创建清晰的职业发展路径和发展阶段，规划所谓的"目标角色"以及员工如何实现这些目标，总体上寻求在全过程中采取更加量化的管理方法。

在这样做的过程中，一个企业可以借此机会以确保其对人才的吸引、管理和发展过程被固定到其品牌和经营策略中。虽然任务本身是复杂的，但与品牌同行可以并且应该为净化和简化提供过滤器。

2. 员工品牌参与

另一个关键的参与要求是要员工理解并且实现品牌承诺。想象一下这个场景：你投资于品牌建设，提高认知和思考。销售和营销都产生大量合格的领导。领导者和一线管理者都已在清晰且引人注目的战略前排好队。该产品和服务是极好的，能够创造利润。零售和办公环境为你的核心目标渗透了信心和清晰的思路。人力资源管理来完成你需要发展和扮演的角色。

然后，客户遇到你的员工。无论在众所周知的门店里，还是在客服中心，在销售过程中，还是在后台工作时，在提建议时，还是在兼售商品或是粘信封时：他们中的每个人都了解你的品牌吗？它代表什么？它的目标方向在哪里？在传播过程中他们的角色是什么？

这就是员工品牌参与。有些人把它称为"让品牌活过来"。它确保企业中的每个人，特别是那些与支付账单的人（顾客）有着最关键的接触的那些员工，正在做着品牌说的事（DOING what the brand is SAYLing）。所以领导和管理者都在践行诺言。一线管理者理解品牌，并有方法和信心，以确保他们的团队也是这样。员工能做出正确的决定，并且知道在自己的日常工作中做什么。

这并不意味着你需要创建一个"品牌洗涤的军队"——这将击败很多利益目标，你的品牌和文化来自多样化和包容性的劳动力。但是，如果你在创造你的品牌和 EVP 的方式，以及功能和品牌相连接的方式中足够聪明的话，你就已经成功一半了。你会吸引来自不同背景下的合适的人才，他们可以分享你的品牌观点。你将会继续激励、发展、保留并且发展你所拥有的人才。当他们离开时，他们会成为你企业的良好口碑的传播者。

但是你的努力必须有所计划、被管理且持续跨越功能，通过操作来实现这一点。你必须在参与的努力上持续投资来维持它。

3. 改变沟通

管理变革的方式也很重要。在当今动态的市场环境下，变革通常很大、很快速且让人意想不到。企业和它们的系统是复杂的，几乎是不可预测的，更不要说管理了，一个系统中，一部分变化将会影响另一部分。

如何管理和使员工参与这一转变也是让员工经历品牌对其产生作用的一部分。无论变化是来自内部还是外部，你需要确保鼓励员工参与，无论发生什么，影响是什么，什么人应该参与。由于缺乏购买和沟通不畅，变革项目通常会失败。所以这里有一些提示，在沟通和鼓励员工参与变革时，任何品牌和人才管理者都应该采取以下方式：

● 让受变革影响的人加入，来帮助计划如何管理和沟通。让人们接受你的最好的方法是给予他们角色，塑造对变化的反应

● 了解变化是如何展现的。在网络上搜索"变化曲线"，它可以提供丰富的视角，说明面对变化时人们经历的情绪变化——在结尾大家都知道的光明来临前，经历情绪上升和期望到达"绝望之谷"。人们也经历了情感周期——震惊、愤怒、拒绝，然后接受多个模型中的任何一个。凡事预则立。使用这些知识来塑造你的参与方式——并在品牌上保持

● 诚实。如果你不知道，就说你不知道。如果你仍然致力于解决方案，那么就这样说。并且进行沟通，这样人们就不会因为你的沉默在脑海中塞满自己版本的真相

● 规划。规划作用有限，但规划的行为是无价的。计划方案，降低风险。没有什么会准确无误地按照计划进行，但你的旅程至少会更有方向——如果你认真对待计划，理想情况下，有些东西会和你的核心企业原则相一致

（六）离开经历

通常情况下，由于人口统计的劳动力越来越多以及日益全球化，人们遇到他们的角色挑战，并开始思考前进、继续或退出。他们试图通过在员工经历中寻找不同之处来获得他们所需要的东西。

有时，这意味着你可以提供一些不同的东西，通过开展合适的职业发展计划，提供进入有趣的职业道路的机会，例如调动的发展机会——你可以经常在企

业内提出新的挑战。其他时间，无论原因是否在你的控制范围内，员工都将面临你企业之外的另一个挑战。即使他出于不理想的原因离开你的企业，由于管理退出经历可以作为实现 EVP 的一部分，这仍然算是一个好主意。你想要让尽可能多的离开企业的人，保持对企业的拥护。

研究一下一家人事变更率为 20%的企业。这意味着，每五年创造一个与你的公司一样大的毕业生团队。管理毕业生的经验对于整体品牌和人才管理而言，越来越重要——多亏社交媒体技术，它比原来容易得多。为什么它对你的品牌如此重要？

● 离开的人可能要回来——所谓的"飞回镖"

● 离开的人可能会作为服务提供者向别人推荐你的企业

● 离开的人可能成为客户、供应商或合作伙伴

● 如果他们离开时，你对他们不友好，他们将成为品牌的批评者。这会对你的名声和净推荐分数产生负面影响。从社交媒体和口碑得到的积极影响很容易被转化为消极因素

三、员工沟通的构成要素

没有任何一本关于员工沟通的书能够完全不参考"三个 M"原则，即评估（Measurement）、信息（Messages）和媒体（Media）。尽管本节的前面部分介绍了一些对员工的沟通和参与方法的理论基础，这些构成要素确保你在正确的时间从正确的人那里以正确的方式得到正确的信息，从而达到所有参与者的预期（你的员工、客户和利益相关者）。

再一次，本节仅提供一个概述——关于员工沟通重要且必不可少的要素，有很多专业的出版物和线上资源对此进行了更深入细致的研究。然而，了解一些基本知识是重要的。

四、在我们开始之前……

围绕员工沟通和参与实践的一个基本观点：一个自上而下，适合所有但不再适合在本书中回顾的动态世界。许多在传统上被称为"双向交流"——事实上还是自上而下单向交流，恰巧有一个相关的反馈或评估。我向你陈述我的观点，然后问你是否理解或者同意我的观点，这还不是一个真正的双向对话——因为没有一个真正有意义的回应。

有效的员工沟通和参与应该不仅应建立在了解受众的基础上，而且应该让他们参与进来并与他们一起创造正确的交流环境。他们通常可以告诉你什么奏效什么不奏效——既然不同的人有不同的偏好，你无疑需要掌握很多开展对话的方法。

情境领导力

同样地，不要忘记"情境领导力"（Situation Leadership）模型。[4] 情境领导理论的基础是：没有"最好的"领导风格。有效的领导是处理在手边的特定情境和任务的最佳方法。成功的领导者是那些让他们的领导和沟通方式适应形势以及在特定情况下工作的人——"设定高而可及的目标，有对任务负责的意愿和能力，达到相关的教育水平以及/或对这个任务的个人或团体经验"。"我说了算，我说一不二"领导者的时代可能已经结束了。换句话说，有时"命令和控制，自上而下，直接的沟通"是完全恰当的，正如有时一个公开而诚实的、透明的对话可以符合形势的要求。

这是许多从业者和供应商相区别的地方——他们认为必须坚持相信特定方法至上的观念或模型。例如：经理总是最合适的信息来源；社会内部网是内部交流的灵丹妙药；在所有情况下，面对面都是最好的方法；印刷媒体是数字时代的旧的流行产物。你会遇到许多问题——没有一个是真正正确的（或错误的，这取决于具体情况）。

在现实世界，良好的沟通本身不仅是关于什么是良好沟通的理论——牢固地植根于现实或者当下、动态的情况、手边的任务和参与的人们。正是因为这个原因，过度依赖所谓的"最佳实践"将会导致次优的结果。"最佳实践"不是思考和观念的替代品。

五、多样性

这可能比任何地方都适合谈论多样性这一主题。如果情境领导力意味着领导者和沟通者应当就情境和眼前的员工灵活调整自己的方法和风格，现代真正的"多样性和包容性"的原则表示有一个强大和多样化的交叉的观点和背景可以让你有一个好的起点。有许多学术研究表明多样性的重要性，以推动更好的表现和企业内部的创新。

意识到"多样性"常常被误解很重要——所以这里有一个来自斯坦福商学院绩效能力小组的很棒的解释：

人们倾向于认为多样性是简单的人口统计，是一个有关肤色、性别、年龄的问题。然而，在许多方面是不同的。

多样性也基于信息的差异，反映了一个人的教育和经历，以及价值观或目标，这些可以影响人们对使命的理解，小事如会议，大事如整个公司。

当涉及普通的创新任务时，比如产品开发或是开辟新市场，员工多样性可以表现得更好，管理者一直在尝试增加多样性以实现创新和新理念。

多样性和经营表现的研究已经在一系列机构进行，从斯坦福大学、罗格斯大学到宾夕法尼亚大学沃顿商学院，再到哈佛商学院和麻省理工学院斯隆管理学院等，这里仅举几例。一个基本的事实是：由不同背景的人组成的团队通常表现得比那些特点相似的团队要好——前提是他们被管理得好的话。

最引人注目的一些分歧可能体现在解决问题、解决冲突和创造力方面。在这三个关键的技能方面，相比个体特点相似的团体，不同的群体一贯表现得更为出色。[5]

直接引用一个有关人才与品牌的多样性的美国研究[6]的数据：

● 多样性增加了销售和利润，但也注意了多样性和客户的数量之间的关系。

——公司报告说明，相比那些最低的种族多样性的公司，种族多样性最高平均带来了近 15 倍的销售收入

——性别差异平均导致了销售收入 59910 万美元的差异：性别差异率最低的企业平均销售收入为 452 万美元，而性别差异最高的企业平均销售收入为 64430 万美元

● 多样性从销售，特别是扩大客户基础方面直接表现出来：

——有关人口的种族或性别差异率每上升 1 个百分点，销售收入增幅分别约为 9% 和 3%

——越多元化的公司拥有越大的客户群。性别差异比起种族差异更为重要，拥有较大的性别差异的公司比那些差异率低的公司平均多拥有 15000 名以上的客户

● 美国国家企业调查数据也表明，在对 506 家企业样本的调查中，多样性水平和利润与同行的领先者相关

然而，有一个严重警告：多样性的好处需要独特而开明的管理才能履行承诺。根据《哈佛商业评论》，[7] 其中包括：

> 多样化的团队很容易产生功能障碍，因为产生创造力和高表现的差异也可能造成交流障碍。在这样的群体中，传统的团队建设活动是不可靠的，因为他们用适合所有人的方法来构建凝聚力，无法发挥团队成员的独特优势和劣势，以及如何将他们结合起来使整体大于其部分之和。

换句话说，你不能只把一群不同的人聚集在一起便期望这项工作能够完成。

把多样性团队变成高绩效团队需要一组特定的领导、文化和管理属性。

在第二章的访谈实录五中，我在对安永（EY）的 Beth Brooke 的访谈中提供了一些关于品牌、人才和多样性的关系的务实的观点，来自一位在这个领域世界领先的倡导者，以及符合创造最多样化的人才的领导属性。

六、信　息

如果你不能对一个六岁孩子解释它，那说明你自己根本没理解它。

（Albert Einstein）

在你说话之前，你需要清楚你将要说什么。当然，这说起来容易做起来难，因为在如今的大多数企业中，员工被大量信息同时轰炸——包括内部和外部、近的和远的。大多数人都很清楚自己想说的话，但往往在中途会出现差异。这使接收者很难选择出什么是最重要的信息以及应该把注意力集中在哪里。

"信息超载"和"信息疲劳综合征"（Information Fatigue Syndrome，IFS）[8]是大企业非常真实的症状。路透社的一项研究发现，信息疲劳会导致：

● 在被调查的管理者中，38%的人仅仅在寻找信息时就浪费了大量的时间

● 43%的被调查者认为，决策被推迟也许是受到"分析瘫痪"或信息超载的不利影响

● 47%的受访者表示，收集信息分散了他们原本应该集中在主要责任上的注意力——他们发现，制定用于处理信息的策略很难

● 42%的人表示，这种压力导致身体状况不佳

● 61%的人说，由于信息超载，他们不得不取消社会活动

● 60%的人说，他们经常太累了，不适合参加休闲活动

第一章第二节的 XYZ 案例就是一个很好的例子。尽管没有提供任何内容，但已经创建了一个有 20 个种类或更多种类的框架，供员工同时考虑——甚至于

我们谈论手头的工作或分享信息之前。

尽管每个企业都会有很多需要分享的日常、照常业务（Business-as-usual，BAU），一种有助于加强沟通的努力是确保无论何时何地，你的信息都被锁定（或至少有关系）在总体框架上。如果你这样做，你会（就像你的外部品牌参与的努力一样）创建一个"红线"（Red Thread），要减少你在沟通之中的"选择"，使那些人们更容易创建和接受消息来判定什么是重要的。

CLC[9] 的研究支持这个观点。他们的数据表明参与的前五名的驱动力包括：

（1）工作与企业战略之间的联系。

（2）工作对于企业成功的重要性。

（3）对如何完成工作项目的理解。

（4）内部交流。

（5）对多样性的强烈承诺。

对此，务实的应用是明确的：即使对于日常的 BAU 交流，使企业战略和成功得以连接也是很重要的。这意味着即使是独立的功能驱动交流也不应该偏离企业视角的战略要素和使命。这也意味着应避免创建品牌内部举措来帮助鉴别和减少企业噪声——因为他们要做的是创造更多的噪声。

从本质上说，一旦你开了一个头，你就需要无情地坚持下去。创建简单的信息框架是一个很好的方法。在许多情况下，这个框架有一个总体的战略版本，以及为了关键受众和市场设计的更详细的版本——但这些都与总体信息对齐（见图 2-4）。

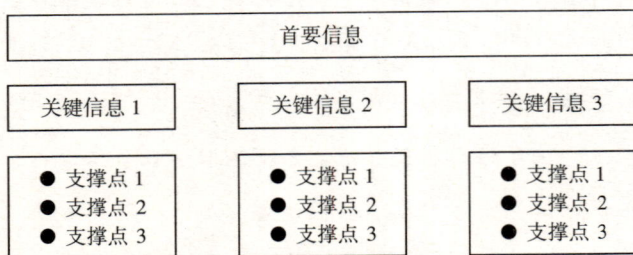

首要信息		
关键信息 1	关键信息 2	关键信息 3
● 支撑点 1 ● 支撑点 2 ● 支撑点 3	● 支撑点 1 ● 支撑点 2 ● 支撑点 3	● 支撑点 1 ● 支撑点 2 ● 支撑点 3

图 2-4　一个信息框架

理想状态下，这些框架应该包括三个主要信息——虽然在某些特殊情况下，有可能是四个或者——最多的话可以达到——五个。"三个规则"（Rule of Three）已经被从心理学到宗教到喜剧剧本再到演讲所研究，并作为一个强大而简单的提高沟通的有效方法被使用。

从 Listly [10]——一个有关"三个规则"的小样本的博客——考虑以下问题：

宗教

● 父亲，儿子和圣灵

● 天堂，地狱，炼狱

● 三智者

● 他们的黄金，乳香，没药①

● 信仰，希望和慈爱

重复

● "这不是结束。它甚至不是结束的开始。但它可能是一开始就结束了"（Sir Winston Churchill）

● "规则就是：明天有果酱，昨天有果酱，但今天就是没有果酱"（Lewis Carroll，《镜中世界》）

● "我们的重点是教育，教育，教育"（Tony Blair）

● "位置，位置，位置"（房地产）

● "三击，你出局了！"（棒球——美国政府）

● "人民的政府，由人民支持，为人民而战"（葛底斯堡演说）

重复三次

● "Veni，Vidi，Vici"（我到了，我看见，我征服）（Julius Caesar）

● "朋友，罗马人，同胞，借我你的耳朵"（William Shakespeare）

① 没药，即一种植物，叫作未药或没药，隐喻金字塔。

- "一天一包火星®，有助你工作、休息和娱乐"（广告语）
- "停一停，看一看，听一听"（公共安全公告）
- "石头，纸，剪刀"（游戏）
- "血液，汗水和泪水"（Winston Churchill）
- "好的，坏的和丑陋的"（Clint Eastwood）
- "这就像'一、二、三'一样容易"（常见的英语表达）

人的大脑非常善于记住一套三个的事物（以及传递三个信息的谚语——可增减两个，最大范围是一到五个信息）。

每一个框架内都是一个关键、首要的信息和三个支持信息。每一个支持的信息，都应该由证据、支撑点和可信理由支持——当然，因为，你必须能用事实支持你的信息。

这种三个信息的方法经常会在企业内遇到阻力，无论其大小和复杂度。然而，作为企业管理和交流准则，执行这一重点和优化点，是一个极为有效的实践。它也是在协商和合作中应当完成的事情——与领导和员工。至少有一个大型跨国公司使用全球在线三天和面对面活动来创造价值，使整个企业制定并同意其价值。

当做得好时，几乎任何战略沟通、人力资源计划、营销活动、管理变革实践、IT 活动、愿景或价值都可以与一个坚实的"三信息"框架相对应。任何活动，如果没有对应，立刻就会被视为不相关——被质疑是否应该提出来。

在第三章的访谈实录七中，约翰逊企业事务所（Corporate Affairs for Johnson & Johnson）全球主管 Michael Sneed 在访谈中对这一问题提出了一些强有力的观点。

七、媒 体

其他人认为沟通的目的是获取信息。

我们认为信息的目的是促进交流。

（Mark Zuckerberg，脸谱网创始人和首席执行官）

一旦你知道自己想说什么，你就需要找到最好的时间和地点来与你的受众交谈。通常被人们忘记的一点是：对你的受众而言，你所说的是什么意思？具备什么价值？它是如何影响他们的？作为结果，你希望他们思考什么，感觉什么，做什么？企业的交流中经常不思考这些就发出信息。这也会带来很多挑战和复杂性，因为在企业中有许多不同的渠道，并且，正如前面提到的，不同的人对于如何消费信息和谈话有不同的偏好。

有很多关于交流的注意事项的书和文章——从电子邮件到内部网还有社交媒体、市政厅会议级新闻、视频、互动练习以及更多。我不打算在这里全部探讨。

一般说来，要坚持三个原则：

（1）选择一个媒体渠道或方法，使你的受众相信它、使用它并与它产生共鸣——不是因为可以选或者因为它存在或是在某一时刻被炒作而选。

（2）使用一个以上的合适的渠道来交流，并且再次使用它。重复是知识之母；在人们提到某个东西时，你应该事先练习三遍。

（3）当怀疑的时候提问，你经常会对结果感到惊讶。

八、评 估

如果我们不能确定一个决定可以被主张的评估所影响的以及它将如何改变这些决定，那么这种评估就根本没有价值。

(**Douglas W Hubbard**) [11]

评估很重要：你如何证明你沟通努力的价值和效果？你如何调整你的方法来最好地利用它？我们需要知道的是我们所做的是否产生影响，因为如果没有——我们就要尝试不同的方法。

（一）定量的方法

有许多方法决定评估什么，为什么要评估，如何评估，何时评估以及如何处理结果。整个行业的员工意见和参与调查已经在 1994 年的服务利润链文章中出现；你很难找到不进行一种或其他大规模的评估活动的企业。

人们经常说，"什么得到评估了，什么就得到管理了"，其中最重要的挑战是采用大量的参与调查。尽管做出了很大的努力，但这些研究成果产生的数字往往很难起到推动作用。经常发生的是，焦点从有效的沟通和参与的努力转移到在报告中向执行团队传输一些数据。对于管理信息和报告的许多方面来说这可能是对的，但当涉及员工的参与数据时，就产生了挑战。

有了财务数据，就很容易使用数学分析来创建决策模型，因为一些有形的东西，比如美元（或英镑、日元等）是可以精确计算的。这是真实的。在社会科学中，依赖于统计学和概率学，一个值被分配到一些东西上。这是真实的，但分配值是完全假设的。它并不是以和账户中或者销售结果中的美元或者日元使用同一种方式计算的。同样，在任何特定的一天（事实上，是在同一天的不同时间），一个人可能会对调查中的同一个问题给出不同的答案。

统计学是一门简单的科学，第一个风险是需要得出如果调查进行多次，特定的调查结果是否会重复的结论。这就是统计的重要性——如果我再进行一次研究，在x%的时间，结果将会与y%的观察次数的结果相同。结果就是：

统计检验应该引导科学家判断一个实验结果是否反映了真实的效果，或者只是一个随机的侥幸而已……即使表现得很准确，统计测试还是被广泛误解，经常被误解。这是科学不为人道的小秘密：统计科学的广泛使用更像是一个冒险。[12]

第二个风险是假设一个企业的数据可以代表相似（经常是不同的）企业的数据集。尽管在一个企业做得怎么样这方面，可以提供一个有趣的"假想的手指"，它可能不是最合适的被用来驱动企业本身，以及如何参与系统的比较指标。把它当作一个数据点，而不是一个目标来考虑。

第三个风险是有时员工调查出的数据是伪造的。例如，我参加了一场辩论，负责的员工调查者发声明说社交媒体不应该被企业用于发表重大声明。我的回答是肯定的，在特定的情况下，在特定的时间，对于一个特定的企业，研究一个特定的话题，这的确可能是适当的——例如，如果企业有很强的社会交流能力和成功的经历，或是在这些情况下，这是获取信息最有效的方法。反应是明确的：数据表明，对于少于10%的数据集来说，社交媒体是一个首选的信息来源。数据显示，在不到10%的例子中，员工表示，"其他员工"是他们最偏好或第二偏好的信息来源。因此，正如白天要先过去夜晚才会降临，你不应该使用社交媒体来进行主要的企业声明。

换句话说，在对数百名员工与其公司进行调查时，我让他们对其偏好的信息来源排序（例如：高级领导、经理、企业内部网、简讯、社交媒体以及其他员工）。然后，基于这些数据，我做出了所有渠道决定——完全脱离背景。

我觉得这种逻辑莫名其妙，并且和调查数据应当被使用的方式完全相反。也明白了为什么我对人们利用员工调查数据的方式保持怀疑态度。它们是一组数字（其中一些可能有统计学意义，但仍然……见上文），它们应该影响你的决定，而不是命令。

这并非是对大量的员工调查的作用的攻击。在更大的战略里，它们作为数据点有自己的位置。相反，相比于企业在这些研究中倾向的不成比例的投资水平，这是一个警告，应当考虑一个更加平衡和多方面的测量交流和参与努力的效果方法。

例如，"脉动调查"（Pulse Surveys）——更短、更清晰、更频繁的研究是一种在大范围的研究中平滑风险的方法。它们也可以用来解决特定人群在特定时间内的特定问题，而不是更烦琐的"所有员工调查"。

（二）定性的方法

定性的方法——如访谈、焦点小组，甚至是员工在日常工作中被观察的人类学的"参与观察"的方法——可以提供非常宝贵和有见地的数据。尽管这些数据的有效性有时因为缺乏统计的严谨性和代表性以及定量研究的样本而受到挑战，它也不应该被全部排除在外。毕竟，概率学和统计学专家也都十分清楚这些问题，并且几十年来表达了对它们的关注。[13]

定性研究经常允许对细节深度和广度的研究，这是定量研究所不能仿效的。它允许探索确定的主题，因此，可能甚至根本不包括在定量研究之内。它往往能在企业或是利益相关者中产生最有见地和"人本"的问题、挑战和机会。

概括地说，当谈到测量时，正如媒体和渠道所言：用一个在演唱会奏效的混合的方法来实现你的目标。永远不要只依赖一种做事的方式。并且要确保你使用的任何措施都有助于你做出更好的决策——否则你就不应该使用它们。

九、小　结

我们已经涵盖了品牌和品牌管理的基础知识。我们也已经基本上涵盖了人才参与和交流的基础知识以及其与一些人才管理准则的联系。

到目前为止的讨论应该给你提供足够的信息去面对更加相互关联的品牌管理和人才管理的挑战，如今大多数企业都是这样做的：混合最佳实践以及跨职能协作，试图为内部和外部的利益相关者将企业和整套核心理念连接起来。

十、你准备好了吗

有些人认为一定有一个更好的办法来从交流和参与的角度，调整品牌管理和人才管理，通过这样一种方式，双方都能被定格到不仅是企业说了什么，而是企业做了什么。

下一章介绍了这一更为综合的方法。它由创新型战略咨询公司 BrandPie 率先提出。

顺便说一下，我是 BrandPie 的合作伙伴，这个方法是由我和其他伙伴共同发现的，我们联系了全球多家拥有超过 150000 名员工的跨行业服务公司，包括一家全球制药公司、一家北美科技公司和其他公司。我们相信这是一个功能强大的模型，看似简单——但在其内部潜藏着力量。

本节注释

[1] 本节的内容摘自我的书 *The Talent Journey*: *The 55-minute Guide to Employee Communication.* 经允许使用

[2] LinkedIn (2010) Why Your Employer Brand Matters

[3] Chartered Institute of Personnel Development (CIPD) (2012) Employee Turnover and Retention Factsheet, July

[4] Hersey, P and Blanchard, K H (1972) *Management of Organizational Behavior*: *Utilizing Human Resources*, 2nd edn, Prentice Hall, Englewood Cliffs, NJ

[5] Page, Scott E (2007) The Difference: *How the Power of Diversity Creates Better Groups*, *Firms*, *Schools*, *and Societies*, *Princeton University Press*, *Princeton*, *NJ*

[6] American Sociological Association (2009) Workplace Diversity Pays: Re-

search Links Diversity with Increased Sales Revenue and Profits, More Customers, *American Sociological Review*, April

［7］Polzer, J et al (2008) Making Diverse Teams Click, *Harvard Business Review*, July

［8］Lewis, D (1996) *in Dying For Information?* 一份英国及世界各地关于信息过载的影响报告, 路透社

［9］Corporate Leadership Council (2004) *Driving Performance and Retention through Employee Engagement*, The Conference Board

［10］http://blog.list.ly ［accessed 11 October 2013］

［11］Hubbard, D (2007) *How to Measure Anything*: *Finding the Value of "Intangibles" in Business*, John Wiley & Sons, Chichester

［12］［13］Siegfried, T (2010) Odds Are, It's Wrong: Science Fails to Face the Shortcomings of Statistics, *Science News*, March

品牌、人才和策略
——Mike Cullen

Mike Cullen 领导安永（EY）全球人才部门，将各地区和服务线上的人才领导者聚集到一起，以确保安永（EY）能够吸引杰出的人才，不仅包括校园应届生，还有有经验的成熟人才。他也在组织内授权和发展人才，并与许多不在安永（EY）工作的人员保持着联系。他负责发展并向公司员工传递安永（EY）的愿景："不论你何时加入，不论你在公司工作多久，在安永（EY）的卓越经历会持续一生。"

在金融服务业工作 12 年后，Mike 于 1992 年以合伙人的身份加入了安永（EY）英国金融服务组。他已经在各个国家、地区及全球层面上举办了多次高级角色会议，包括英国的金融服务咨询、英国管理合伙人——市场，EMEIA 管理合伙人——账户管理、工业和商业发展，EMEIA 管理合伙人——员工和全球管理合伙人——市场。

在安永，一个金融服务职场人士如何成为一名全球员工的领导者？

我的背景实际上是一位市场人员。我从一个保险公司的市场总监起步，进入金融服务领域，在成为合伙人之前，我在普华永道（Price Waterhouse）工作过五年。五年后即 1992 年，我作为安永（EY）保险行业的合伙人负责咨询服务工作。

我第一次涉足的领域他们称之为"人的空间"，依我来看，市场、品牌和人才的连接以及人员议程发生在 2005 年。后来我将 EMEIA（欧洲、中东、印度和非洲地区）带入市场，否则的话这些地区集团的组成将被看作一个我们整合用来降低成本的实践。

我成为了一个服务于人才和客户的经理合伙人，这是我们第一次将人才和客户连接起来，就像本书《品牌与人才》（*Brand and Talent*）一样。人才和客户标志着一个有趣的转变，因为我们第一次将组织中的人才、你所需的技能和基于卓越客户服务之上的可持续客户关系发展相结合。

组织中的社会思潮必须是可持续发展的关系。针对一个 200 亿美元的业务，我们不能仅定位于一项交易。你不能在每一个金融年度都从零启动一个 200 亿美元的业务。因此，这是关于服务和关系的可持续性——且不同的技能和人才需要构建和维持这种类型的业务。

这让我们及时了解了新的执行副总裁（EVP）和安永（EY）的品牌定位。

是的，我在几年前就被要求再一次担任全球执行官，在全球做我们在 E-MEIA（欧洲、中东、印度和非洲地区）的业务，这仍然是我现在工作的重点。我们从最新的战略出发。从 2000 年一个只有 82 亿美元的业务成长为将近 250 亿美元的业务。目前我们聚焦于发展至 500 亿美元的业务。这对于市场转变意味着什么？这对于品牌的未来状态意味着什么？

接下来十年在人才结构上将会进行更进一步的改变和调整，但最大的一点不同是人才地理位置的变化。如果上个十年是关于人才结构的转变，未来十年将会是"需求在哪里、人才就在哪里"的根本性转变。因此这些根本性的变化和新兴市场的崛起，有关你所处位置的关键资源的海上/陆上争议以及业务中的资源池。

从人才结构到人才位置主题的转移，当你回顾大多数公司的首席执行官议程的时候，有两件事浮出水面：一个是品牌，另一个是技能的短缺。技能的短缺或者是看得见的合适人才的匮乏，是如何影响你的发展计划以及你是如何努力去处理它的？

在快速增长的市场中，技能的缺乏对任何希望在这些市场中快速成长的业务来说都是一个严峻的挑战。这意味着我们需要重新思考业务模型，因此需要在组织中引发更多的战略调整。

我们目前在组织变动上比在并购上花费更多的时间。我们投入许多精力去塑造一个流动战略作为战略性投资。我们不断地确保我们在正确的目标市场上运用正确的技能。

我们也在转变作为一个组织的心态，这种心态源于历史上的英美和西欧。我们寻求人才，例如，从新兴市场上，在中国或印度大多数商科学校里明显培养了很多高素质的毕业生。这就迫使你在那些市场上的人才并购项目上出现重大转变。

对于安永（EY）这样的公司来说最大的挑战是，你必须做的所有事情是改变你服务的价格。当新兴市场占据公司业务的10%或12%时，历史上传统的价格点和成本基准，就具有了更多西方的定位。但如果你发展了一个计划，计划中表明"在未来五到六年里，我们相信35%的业务将会在新兴市场上"，接着我们知道它们将不会为成熟市场的价格埋单，因此你就要改变你的价格点，这意味着你也改变了你的价格基准。因此，如何改变你的交付成本？对于我们来说，在专业服务中，回到人才中心和你安置人员的地方是非常明确的。

你不能仅在西方专家的西方价格下一直前行，因为在那些市场中不仅是价格竞争的问题。它强调了重塑企业模型的需求，强调你在何地提供这些服务以及在那些市场中你如何提供服务。

我想关于进入内部管理和与此相关的人才并购和管理与发展，你已经完成了商业关联研究，你能描述一下吗？

如果你不把人们的心灵和头脑与他们的钱包联系起来，你就不能改变合作环境。我们必须让人们停止视人才议程为不同的东西，在别的独立板块里的东西。所以我们做了所说的商业关联研究（Busdiness Linkage Study），向很多具有财务意识的合伙人、会计师、税务师、金融从业者证明内部管理和人才并购、管理和发展有直接的联系。

研究表明，人才计划，特别是人才受聘和资本回报率或业务运营的提高有很大的关系。然而在先前的专业化服务环境中，这点从来都没有被注意到。对于我来说，从哈佛到我们的合伙人，背书或做研究是一回事儿。但是他们会说："这对一个商业组织有效，对我们自己是无效的。"

我们努力表现联系。我们每隔两年做一次全球品牌和人员调研，且每年做一个中期调研。由于我的背景是市场人员，当人们对我说"对于全球人员调研，你的观点是什么"时，我会说出结果，然而对于这个业务的独立研究非常重要，需要将业务与全球品牌相关联使其更具权威性。这是因为人员即是市场中的品牌。

在商业关联研究中我们发现的第一件事就是世界上我们所有业务单元的品牌受欢迎指数和参与指数间的直接关系，参与指数是我们在全球人员调研中所用的计量标准。我们的人员对组织的想法和我们客户所认为的品牌受欢迎指数二者之间存在根本性的联系。

我们发现的第二件事是在像这样的组织中雇用和保留水平也与品牌受欢迎程度相联系。我们每年雇用许多人，我们业务模型的性质意味着每年有许多人员离职。我们每年要招聘大约 5 万人，但是每年有 4 万人以上会离职。

当然，保留水平是很重要的，我们发现了世界各地业务单元的参与指数和它们的保留水平间的关系。在我们参与最多和参与最少的业务单元间保留水平存在很大区别。就招聘和雇用不同人的成本来说，1% 的保留水平的变动在这个业务中价值 1 亿美元。因此如果你能够看到最高和最低参与水平间的重大变化的话，你就知道它是巨大的。就金钱、客户的延续性、客户服务、品牌关联度、客户满意度等来说，它对业务的价值影响巨大。

第三件事，我关注人们的钱包，我们发现我们人员的参与水平和业务中每一个人的收益有直接关系，在我们参与最多和参与最少的业务单元内价格达到平均每人成千上百万美元的差别。

这并不是令人喜欢的人员议程——"去善待你的员工"。它是关于"这在业务中是非常有效的"。

既然你已得到所有的要素，那么现在你如何去做？工具、机制和你所使用的驱动参与度的杠杆是什么？

我们将我们人员的主张分解为不同的部分。我们询问自己以下问题："你如何在他们加入前、加入后和离开后动员他们？"这帮助我们构建安永（EY）成为服务提供者和雇主的倡导者。

这给了我们一个作为业务主体我们采用什么样的实现方式的问题。我们是一个巨大的人才发展机器。这是好的事情，不是什么令人感到羞耻的事情。我们总结得出我们的雇员主张应该是在安永（EY）关注到个体的"全部生活体验"。这盲目地假设我们给每一个人提供了所有的东西，所以人们希望永远留下来是相反的。

像其他公司一样，有些人在公司待了很久，有些人只工作很短的时间。

我们需要充分理解：人们为什么来到这里？他们为什么留下来？我们意识到这是我们提供的"全部生活"的经历和价值。因此上文提到的我们的执行副总裁（EVP），"不论你何时加入，不论你工作多久，你在这里获得的卓越经历将会相伴一生"。这在业务中也引起共鸣。例如，当我们去公司时，我们会说"来到安永（EY）并在安永（EY）开始你的职业生涯"，但我们也会将我们的同行带到公司里，同行会说："我来到安永（EY），在这里工作了五年、十年，甚至十五年，现在我开始经营自己的公司。我成为了一名创业者，我是达拉斯地区一个大公司的首席财务官。"因此人们能够看到在安永（EY）的职业生涯路径是通向成功的，不仅是在这里，也在外部市场。

过去我们主张说我们为安永（EY）吸引未来的领导者，现在我们早已改变了这种说法，现在我们努力寻求吸引未来领导者，就是这个意思。那些人中的某些人将会成为安永（EY）的未来领导者，某些人会进入政治，某些人会在大公司，某些人会成为伟大的企业家。2012年世界企业家年度大会就是安永（EY）的校友会。

我们努力查究的另一件事是当员工来到这里时我们需要为他们做些什么。尽管我们已与哈佛大学的教授 Susan David 进行合作研究，我们在课堂参与及一些外部参与研究中看到我们的一些最好的结果。

引发世界各地高水平参与的原因是什么？这里有两方面因素。首先是人们需要感到更有权威，进而更有能力掌控自己的命运。他们关注于把事情做好，而非微观管理。其次是关于团队方面，团队的一个重要启示是当人们感到自己在工作中能发展自己的专业技能——而且是在一个有支持和奖励的团队环境中——他们感到更有融入感。

赋予人们权力去做到最好，在充满支持感的团队环境中发展并激发工作的联系，能让我们集中全部的精神——高效团队的要素之一。

我们现在已经做了许多工作，包括在团队中分解我们的任务，观察高效率团队以及高效率团队中领导者的特征。我们已经有为我们的合伙人准备的方案，指导他们如何理解高效率团队的组成部分。他们是怎样不同的？我们知道不同的团队——经过正确的领导——能够获得更好的结果。我们一直都在转变文化，以此创造一个能够使各个办公室繁荣昌盛的环境。

当谈论起人们的承诺，你认为什么是应该关注的重要因素？这里有一个非常好的词——"承诺"。从有形的方面来看，为使人们感到被授权就像他们是高效率团队的一部分，所做的努力是什么？

首先，就参与过程来说，你需要做的事情在这里没有神奇的魔杖。它是关于如何将事情嵌入组织文化中，且我们所做的就是将参与分解到几乎所有的交互里。

这就变成了设定一种信任而非管控的文化。更为关键的是，在我们的环境中，改变 9500 位管理这些团队的合伙人的思维模式。我们现在所要努力做的是将思维模式嵌入到合伙人的授权结构中，不仅是合伙企业的文化、架构和哲学中，还有合伙人所管理和衡量的方式中。如果你的领导不认同的话，你就很可能嵌入不了授权文化。

来谈论一些安永（EY）的新目的，以及你如何认为这有助于你去做所有你已讨论过的事情。谈论的目的是什么？在安永（EY）助其发生的目的角色是什么？

我们已经用连贯的方式清楚地说明像安永（EY）这样的组织能被全世界认可的原因，不仅就业务而且就我们的人才主张而言。

如果我们仅仅做审计业务，你可以说我们的主要目的是监督资本市场。然而安永（EY）现在具有广泛的专业服务。

我们的目的是"建造一个更好的工作世界"，这得到我们员工和客户的共鸣。根据员工的经历，在员工工作的社区以及他们所服务的地方，我们为我们的客户创建一个更好的工作环境，为我们的员工创建一个更好的工作世界。人们对我说，"最好的人员安排，最好的人才议程，是一个发展的议程"，在这里我可以回答，"最好的发展议程是人才议程"，因为它们是一枚硬币的两个方面。

人力资源部（HR），即人力资本管理部门，在何处及如何使这些具体细节恰当地运营？

我将它描述为人力资源运营，因为从工资到条款，到假期，到福利，再到津贴，我们都经营着一个非常高效、有效且有竞争力的人力运营体系。这个组织的人力资源议程发挥着市场竞争人力资源功能中的发展和维持功能。

此焦点对我来说与员工或人才议程截然不同，这是一个宽泛的战略，聚焦于17.5万名在这里工作的员工以及市场中100万名品牌投资者。那是员工与人才议程，与品牌直接相关。我个人对"人力资源"和"人才"、与品牌相关的员工议程以及市场参与这些在语言上的区别非常在意。我认为太多的业务没有注意到你努力在本书中所描述的区别。

大多数人力资源的"最好实践"都是关于人力资源逐渐变得更具有战略性，可是你说，"不对，人力资源没必要变得更具战略性，它应该更好地去做它要做的"。考虑到这对于很多人力资源专家来说是一个具有挑战性的职位，你是怎样去对待这种区别的？

我认为这不仅是语义上的区别。业务需要理解员工或人才议程与人力资源功能的区别。人才议程不应该被人力资源部所运营。如果我给一个组织提建议，我会说，"不要让人力资源太具有战略性"。

我解释它的方式是将人力资源放在垂直线上，将员工和人才战略放在水平线上。这在根本上是不同的。这不是人力资源功能的提升，而是理解人力资源功能、垂直运营性的人力资源和水平战略性的员工之间的区别。

我采访过几位有相似情境的人员，他们讲述了一个相似的故事……

在我的全球高管角色中，我经常同世界各地的人力资源团队沟通，他们经常会问一个非常好的问题："为什么公司会任命像你这样的人，一个有知名度的市场人员作为一名人才领导者？你不会对我们人力资源专业人士的职业生涯感到沉闷吗？"我经常会说："不，我不是来这里做你的工作内容的。"

我 5%的工作部分中的 10%是首要的，是确保正确的人力资源经理各就其位，能够运营和驱动人力资源功能。90%的工作是在组织中推动人员和人才议程。我不会梦想着成为人力资源的主管。对我来说这是抑制人力资源专业人士的职业生涯。我有出色的人力资源专业人士，他们可以运营垂直部分，远比我曾经做的要好得多。我在市场中推动人才议程以及与品牌相关的业务，并且以此来帮助建造一个更好的工作世界！

品牌及管理人才
——Bob Benson

Bob Benson 是猎头业的领军人物之一，与 Spencer Stewart 一同担任高管，且在国际上扮演着各种各样的角色。他在此探讨了如何确保高管与其他高级雇员和品牌与人才的议程保持一致。

当进行"最高层级"的招聘时，在什么程度上品牌宜进入谈论话题？

这是任何一位高管在考虑调动时出现在其关注范围内的首要事件之一：这将对我的个人声誉有何作用？此客户或公司会提升我在高管团队里的个人地位吗？

我们谈及品牌的方式是浅显的，在人才和公司方面有参与者 A 等级、B 等级和 C 等级。C 等级参与者经常渴望吸引 A 等级参与者，但这通常不会发生，除非它是在一系列非常特殊的情况下。

品牌发挥着重要的作用，因为你一直将名誉或人才个人品牌与客户品牌持续进行匹配。有时你会得到一个 A 等级参与者，他用董事会现行的方式去看他们喜欢的事情，推动一个 B 等级的公司前进；接着你就可能有能力吸引 A 等级的参与者加入。

在何种程度上，你曾觉得交易在理论上非常成功，但在文化上却不合适？你是怎么处理的？

招聘主管所要做的是将角色归为三类：能做的（Can-do），愿意做的（Will-do）和适合做的（Fit）。

"能做的"是指为履行角色应当具备的技能、经验和教育。"愿意做的"与组织类型必然相关。它可能是一个长久不变的环境，在这里你不愿意改变太多。一个长久不变的环境需要一位特定气质和性格的人来经营它。你不愿意要一个高增长类型的人，他一直在追求增长、增长、增长。增长型的人应该是这样的：许多技术或新产品公司寻求能够以你所期望的越快越好的速度来经营技术或产品进而增长至最高水平的人。

第三种类型属于转变类型。因经济、法律问题或其他原因陷入麻烦的公司，它们需要一位能够加入且通过改变现状进而有所作为的人。

在每一个环境中，所需要的价值和技术是非常不同的。你不能把一个保守型经理放在一个转型情景中，你也不能把一个转型的人员放在一个不变的情形中。这会直接引起组织的骚乱，这个人也必然失败，他们很快将会被替代。

其中的文化适应部分如何？

你的确应当进入一个组织，和不同类别的人员讨论以便理解他们，从他们所处环境的社会公德出发，从他们对人的看法，从他们的决心，从他们为组织外节省每一笔潜在的利润出发，理解他们是如何思考和表达自己对任一类别事情的看法的。

你听到的是人们描述事件、处理员工与客户等的方式。你开始明白商人是如何想的，他们看重的是什么。

有人这样说很正常："我们是有高度道德感的公司。我们相信并尊重员工。我们致力于员工自身的发展。"在你已讨论了 8 种、10 种、12 种不同的人后，你开始听到一个主题，这个主题开始组成你所称的文化。

相似性和人们阐述事情的方式开始塑造你需要的此类人的映象。如果你在一个以人为本的公司里，关于员工如何被对待，如何以公平和发展为导向，你绝不会接受一个持有以下观点的主管，即"员工只是一种成本，是我的资源之一，如果我尚未获得合适的人选，我将在明天改变他"。你将不会把此人安排在一个高度以人为导向的公司里。正如你所知道的，你得到一副合适的手套，客户也在寻找合适的手套。

因此这就是关于能够做的，愿意做的和适合做的内容。找到能做的人容易，找到其他的人选有些难度。

是否有这样的情形，你故意让一个首席执行官来驾驭不同的文化？或者只会带来后患无穷？

我们招聘人员的工作就是证实客户寻找的是什么，进而理解它是否存在，并帮助他们理解这一决策的含义。你总是质疑客户对市场现实性的认知、客户的承受力和市场吸引力。你不得不指导你的客户认清这一事实，即完美的市场是不存在的，并帮助他们理解他们将必须要做出的权衡。

你要带给他们不同员工和不同层次的体验。这些不同层次的体验有与之相关的不同的价格标签。

你的工作已经非常国际化了。当谈及寻找合适的高级人才时存在文化差异吗？

决策过程是非常不同的。如果你看看欧洲公司，会发现它们有一个错综复杂的治理结构，目前大多数美国公司已经停止运用这种治理结构。你会发现印度较苏联国家和其他地区的方法有着巨大差异。

现在的一个大问题是，我们处于全球化经济中，试图寻找能致力于跨文化和跨地域的领导者，这是一个严峻的挑战。即使有简单的时区和同一个地区的承诺，商业交易也变得非常困难。目前我们面临的最费力的一个问题是，我们不再处于孤立之中。

因此我们或许有不同的治理结构和决策过程，但归根结底，我们处于一个单一的全球经济中，我们需要更好地理解商业文化差异和阅读的细微差别。特别是，在全球化基础上美国公司尚未能很好地做到这一点。

多元化是一个巨大的问题。当你看到女性首席执行官和 C 等级的女性代表以及董事会中的女性成员，关于组织目前如何解决或无法解决的多元化问题，你有什么想法？

在这方面这已是一个相当糟糕的业绩。有一些迹象表明最终它正在发生变化。

"男孩俱乐部"、"兄弟会"和男人的"私人社会"正在慢慢渗透，已经有很多研究，特别是在斯堪的纳维亚半岛和欧洲，董事会中女性数量较高的公司表现明显好于董事会中女性较少的公司。我认为这仍然任重道远。查看相互支持系统中近年来男性相互支持的方式是关键。

这都与领导力、支持和指导相关。你还要有赞助商、导师，这些事情才刚刚开始发生，在接下来的 10~15 年中，他们将会对公司治理产生一定程度的影响。

当谈及高层招聘时重点是什么？

你总是被你所处的公司所熟知。我认为你试图"购买"有声誉的、高技能的高管作为公司转变品牌或形象的"海报男孩"总是有一定的困难。这真的不起作用。

这是关于你如何选择一位能够增强或创造一种文化的领导者的问题。这是关于你如何巩固文化，不允许与文化相冲突的行为存在——不管短期金融产生的影响如何。

Jack Welch[①] 曾经说过这样一段话：不管绩效如何好，如果他不能在组织内传递更多文化，这就与结果无关。不管他们处于何种水平，你无法带走不以此价值观为生的人。

这不仅是言语上的。这是以行动及行动的强制执行来确保你的文化正在促进你想要创造的品牌的发展。这就是为什么品牌和人才是同一硬币的两面，特别是当你谈论高管人员时。

---

① Jack Welch，1935 年出生于马萨诸塞州塞姆勒市。1981 年 4 月，年仅 46 岁的他成为通用电气历史上最年轻的董事长和 CEO。2001 年 9 月退休。Welch 带领通用电气，从一家制造业巨头转变为以服务业和电子商务为导向的企业巨人，使百年历史的通用电气成为真正的业界领袖级企业。

品牌与差异化
——Beth Brooke

Beth Brooke 是安永（EY）全球监管和公共政策的领导者。她负责塑造安永（EY）在公共政策方面的地位，与世界各地的监管者、政策制定者、商业领导者、投资者和其他重要股东接洽，讨论行业和全球资本市场目前面临的关键问题。她也是安永（EY）差异化和包容性工作的全球赞助者，且是世界上包容性领导力和包容性增长的杰出提倡者。Beth 经常被《福布斯》杂志（*Forbes Magazine*）评为世界上最有权威的 100 位女性之一。

你是如何转换你的角色的？你如何发展自己在差异化和包容性方面的兴趣？

32 年前，在印第安纳波利斯，印第安纳州中西部，我在安永（EY）开启了自己的职业生涯。我曾是一名大学生运动员，且是印第安纳波利斯的第一位女性合伙人。因此我起步于一个非常男性化的环境，我在初期承担太多的责任以至于性别在那时不是一个问题，也因为有一个良好的办公室氛围、一个卓越的文化和一个特别包容的环境，并且，我是一个运动员。这以一种非常有利的方式中立了性别差异。这是关于运动重要性的一个重要情况。

接着印第安纳波利斯的一位导师为我安排了一些事情，让我去华盛顿工作，在项目的结尾安排我给税务实践的领导进行汇报。第二天，税务实践的领导打电话给我，让我到纽约，他给我提供了一个从华盛顿转到纽约的工作，负责国家保险税务实践。这个直接结果是，在印第安纳波利斯的合伙人赞助我去实现它，接着我去了华盛顿，在华盛顿我迅速实现了职业发展。性别甚至不在我的关注范围内。

几年后我离开安永（EY）去克林顿政府工作，前后工作内容非常不同：你从未参加过如此令人难以置信的多样化会议，不只是从性别方面，而是从能够想象到的每一方面。我每天都必须经历由此所带来的第一手伟大创新。坦白来讲，围绕决策的，是更好的决策过程和更好的讨论。

几年后当我重新加入公司时，这前后出现了明显的对比。"哇，那些差异都去哪里了？"当时公司明显比过去更加多样化，但与我离开公司时相比环境仍没有太大变化。这又是一个转变的时机，见证它出现，接着见证它的离开，且见证差异下的决策制定和由差异所促成的创新。

最后我想说的是我第一次进入美洲委员会，成为办公室内仅有的一位女性并努力让自己的声音被听到的经历，并不是因为他们不愿意去听，而是因为极边缘、极少数代表的声音并不会被他们关注。然而我有着很重要的职责，我需要被听到，我并不能意识到我为什么会有这种想法。它就像是我存在的缘由。我认为这是我想法的质量与我的性别和少数派声音的对抗。

这起初使我有些不安，直到我逐渐意识到我的想法是没问题的。它们一直以来就是合理的。我从一个真正有包容性的税务实践部门进入一个包容性较之前少的环境中。

就你观察或了解到的，公司尝试在经营中构建多样化和包容性时应认真关注的东西是什么？

我认为许多公司从关注员工内在的多样性开始，包括年龄、性别、种族、民族、性取向等。它们试图取得不同的内在多样性，但却不会关注他们。我认为许多组织到目前为止对赞同内在多样性能产生更好决策和更多创新的领导给予的关注度仍然不够。

研究表明多样化的团队执行要么非常好，要么非常糟糕。区别在于他们是怎样被领导的。即使你有一个多样化的团队，如果领导不好的话，实际上你不仅得不到多样化的利益——即更好的决策、更好的创新——而且还会产生更坏的结果。因此它不容易管理。差异性和多样化被放大而不是被最大化了。

并不是所有的组织都关注领导力部分，我认为此部分实际上是新前沿。当今商业的复杂性的确需要包容性领导力，也的确需要观点的内在多样性。

你称之为包容性领导力（Inclusive Leadership），它对你意味着什么？

有许多与领导者相关的灵敏度。实际领导者也开始培养灵敏度，他们愿意采纳建议。他们明白作为一个领导者，没有人知道全部答案，且他们有鼓励别人发言的开放心态。他们让原本存在风险的新想法变得安全，且使之非常安全。他们确保每一个人的声音都能被听到。此外，确保他们发言。当团队成功时他们共同分享荣誉。他们让团队成员自主决策。

他们检验自己的假设。每一位领导者都有自己的意见。他们清楚自己要去的地方，但一位具有包容性的领导能够检查出这一点，并意识到团队的权力将给我们带来不恰当的参照标准，这看起来未必有利。如果他们有充足的时间倾听并充分理解差异，就不必追随其他人的观点，会有所调整和适应。他们会将其纳入考虑范围，经综合考虑后提供一个更好的结果。

当你观察创新的整个价值链时，少数人认为提出的新奇想法经常会被封杀，因为它们是被一位不理解其参照标准或观点的领导者倾听的，因此，这位领导会认为这不是一个好想法。

我们组织中的女性将女性中巨大的经济机会视为一种购买者渠道。但是我必须要告诉你，这种问题很多年来就像是推着石头往山上走一样，一直无果，直到我们任命一位新的领导人才会终结。

我们忽然间获得追捧。就是这么简单。领导人理解并恰巧有相同的参照标准，因此现在新奇的想法很容易被听取，但这么多年来你不得不煞费苦心地向其他人推销你的想法，想来也觉得相当有趣。

这就是没有包容性领导的集中体现。他们只用自己的镜头看世界，且通过这个镜头来评估想法的价值。

其中一个并存的问题是当谈及难题的功能性角度时多样性的缺乏。

噢，当然，我发现一直以来，功能多样化和性别或其他事情同等重要。我的意思是，对于我来说，内在多样性也是通过功能实现的。

显然，一个领导从性别和相关角度使用的同样的技术和他们需要从功能的角度来看的同样的行为相同。因此，依你来看是什么阻止了此事的发生？

我亲自测试了一下。如果我走进一个房间，我会自然地走向谁？我会走向女性，因为我们享受彼此间的讨论。如果你让我自行决定，我不测试我自己，我会在某一天醒来雇用整个团队的女性。为什么？因为她们和我想的一样，她们的风格与我的风格更像。

员工得到的奖励大体上是快速完成项目。他们已取得不错的结果，能够取得更好的结果吗？辨别你能否得到更具创新性的结果或解决办法是有难度的，因为你并不知道它是否存在。

你得到的结果与你在同质组织中所得到的结果是相同的，且没有人能够不采取行动就说有比这更好的结果，因为它是不存在的。我认为很多年来我们通过此种方式取得了效果，且社会认为我们在同质组织中做得还不错，因为我们不知道自己错过了什么，但是研究非常清楚地表明我们错过了什么。

你如何让员工用我们讨论的方式，在一定程度上理解包容性和多样化的影响力？

首先你要告诉员工事实。通过十分清楚的研究来证实。

接着，我认为你可以帮助员工去体验。这才是实现改变的地方。你可以灌输想法到员工的头脑中，但无法走进员工的心里，直至他们体验后。一旦员工体验到一个好的领导下的多样化团队，他们就不会再回头。你会看到许多人现在不会再以别的方式来做这件事。

我自己也知道，我走进一个房间，甚至不用去想就会立刻知道我是否走进了一个没有差异性的房间。我知道我是来检查某些地方的解决方案，因为次优结果的风险是高的。我甚至不用思考就去做，但这就是我体验过它好处的地方。

我记得与一些员工谈论过，特别是一个从舒适区转入困难区的伙伴说过，他们通过这个转变经营着一个多样化的团队。一旦他们成功并获得利润，接下来的每一次就会变得非常容易。

我把它比作建立锻炼日程表。你听到很多想要身体更健康的人，他们在前两个月不能做到，而你每天要起床锻炼，尽管这让人很受伤，你也不喜欢它。两个月结束时，你将会沉迷于它。你的身体将会沉醉于锻炼中。这就如同和一个多样化的团队一起工作一样。这是不容易的，起初会更困难，直到它不难了。接着你也就绝不会再采取其他的方式了。

你如何认为你可以试着真诚地证明自身是更加多样化和具有包容性的品牌？

这有很多方法。其中之一是你的员工的品质和员工对你的评价。他们感到自己被重视吗？他们感到被授权吗？我认为真正具有多样化和包容性的组织会在这些方面做得很好。我知道对人才保留形成最大影响的是对这个问题的回答。"我感到被重用吗？我的观点被接受吗？"保留和参与是最好的预测指标之一。

市场是如何感知的？

我认为应依据他们如何服务以及所服务的团队来看待。我认为他们依据获得的解决方案而意识到它。他们能告诉你这是因为组织更加多样化了吗？我不清楚，但在一个组织中你所提出的各种结论他们肯定是支持你的。

我认为如果你是一个产品公司，这就会体现在你的产品性质里。你想一下这些年的汽车公司。在工程设计团队里它们没有差异。它们最终开始醒悟并意识到女性是首要的汽车购买决策者，然而汽车在设计时根本没有考虑到她们。

区别于传统劳动力的女性经济力量，她们拥有的经济驱动力是十分惊

人的。你认为她们扮演着什么角色？是什么组织充分利用了这一点？或者它们应该利用这一点吗？

从经济上来看女性是遍布世界各地的一个新兴高增长市场。由于受教育及技能的变化影响，在未来十年内将会有 8.7 亿~10 亿的女性以工作者或企业家的身份加入到经济力量中。在未来十年内 10 亿女性经济力量的影响如此之大以至于它将对印度和中国经济增长产生第三次大面积的影响，且影响非常巨大。

当我和首席执行官们交谈时，我说："你绝不会不想投资印度和中国。考虑到印度和中国背后的 30 亿劳动力影响，你何不投资女性？我的意思是，作为首席执行官，你如何思考你的产品？你怎么认为你的产品或服务会发生什么？"

"看看你公司的委员会和高层领导的组成人员。我们知道创新里伟大事件之一就是，你想要一个多样化的观点来努力提出解决方案，是因为他们可以通过自己的角度去了解市场需求，所以如果在高层领导或委员会中没有足够的女性，你就不能足够清楚地看到女性的新兴市场。"

你如何了解，相对于更具包容性和差异化的高层领导力水平，我们现在处在何处？

首先，你得相信它。你得相信它是至关重要的。它不可以仅停留在口头上。你必须得相信它是关键的。这很可能意味着你本身有过这方面的经历，且是一位信徒。

你还要知道你在组织中的位置。知道这个组织是什么样子的。有些员工不愿意在你希望他们在的地方。你得致力于如何调动他们。这需要结合三到五年的资助、继任计划，以便你能看到员工能够达成什么。每一个人都会环顾四周并离开。"啊，这些角色没有人能够胜任"。好吧，再看看三到五年以后。你如何让他们准备好以便从现在开始的三到五年里，我们不再谈论这个话题？我们将给他们提供什么样的职业经历？我们怎样投资来调动他们以便使他们在三到五年里能够胜任？这是它的成本，在大多数组织中这并不会发生。

从品牌的角度看真正关键的是什么?

从品牌的角度,不仅是内部关注,你将你的时间、金钱、精力和资源投资到什么地方?如果拿我自身来举例,我们在促进女性经济力量方面投资力度非常大,不是在我们自己组织内部投资,而是在组织外部投资,且我们围绕品牌参与很多事情。

这影响你的品牌。我们以信任著称,随着女性潮流的到来,我们不是以利己主义方式而是以一种公共利益方式迎接,因为我们意识到她们代表新兴的市场。这是一种开明的利己主义,我们知道女性某一天会成为我们的客户。当你真正相信并将你的金钱、资源、时间、汗水和权益资产投资于那些真正的公共利益中,这些就是非常有别于你品牌的事情。

第三章

品牌与人才

人才的培养模式

如果外部的变化率高于内部，那么离结束就不远了。

（Jack Welch）

一、取得联系

本书的第一部分讨论了很多关于品牌和声誉管理的一般状态。第二部分探讨了对人才的吸引、参与和管理。在这两个部分中，一个清晰的案例已经建立，上述两者紧密联系、不可分割，并且对企业经营有一个互惠的影响。

如果品牌管理和人才管理的世界之间的联系和重叠是显而易见的，那么为什么从它们的重叠之处提高效率和表现会显得那么难？正如你在本书的开始时看到的那样，如果企业把它们放到一起，那么就会面临很多挑战。将受众和任务的责任分离开来，在另一个时代很合适，但是在新时代看来没那么有用、灵活和有效。

另外，断言不再需要职能专家的意见了，这是愚蠢的——挑战在于职能分工与意见如何整合，并应用于其他职能的领域。大多数企业并没有真正改变自己的运作模式来处理外部环境的动态变化。当涉及应该关注的信息的时候，许多企业已经发现自己处于一个不适的位置。对于员工来说，他们会挠着头想知道自己应该担心什么，这可以被体谅——或者，更可能的是，只是"释放"念头，继续制造他们的零部件。

关于这点，如果你想收集一些有趣的观点，并希望以一个好的方式来激起阅读本节其余部分的欲望，你可以阅读第一章访谈实录二中对微软首席执行官及《商业构思》（*Business Reimagined*）的作者 Dave Coplin 的访谈。

加入到关于品牌与人才的不同模型和思考方式的混乱和竞争中，包括来自营销、人力资源、商业战略、交流以及其他部分，在任何类型的关联之处发生挑战都不足为奇。

二、从哪里开始

（一）第一步

第一步也许对于那些曾经做过这个练习的人来说是最难的，对于建议它们的人更是痛苦的：那就是处理很多关于商业战略、品牌与人才管理的术语。

我们用文字创造了我们的世界。人际沟通的基础是我所说的这句话背后的含义，当你听到这句话时，这句话与浮现在你脑海中的图片相匹配。

因此，在整个过程中，应该完全禁止一些表达。我们都需要一张干净的纸。对于那些对企业战略和发展有着具体和强烈的意见的人们来说，这将是不舒服的。

尽管如此，通过改变我们使用的词语，为自己提供了一个新的，可以说是公平的领域，来进行谈话。

我们应该禁止使用什么词语——至少在这个特殊的背景下？

● 愿景、愿景陈述
● 任务、任务陈述
● 目标
● 目的
● 品牌价值、属性等

● 在本企业的不同部门中，这些词语的任何不同组合

● 品牌、雇主品牌

感到不舒服了吗？尽管它似乎只是一个修辞装置，放下这些像行李一样的术语会是非常轻松且自由的。特别是在高级管理层工作时，转换这些术语可以使思维转换并且避免就具体术语和应用争辩不同却都根深蒂固的看法。

稍等一下，我们会再回到这个新模式所建议的词汇上。但首先，我们需要探索模式下一步背后的基本原理和思路。

（二）第二步

第二步，当涉及定义和排列时，停止将品牌、外部交流、参与从人才交流和参与中分离。它们可以而且应该被职能专家管理——但这些核心思想和表达的所有权必须存在于更高的层次上，来确保对准焦点。

这意味着你有一个品牌和一套核心理念。每个功能或受众没有自己的版本。你们共同创造并达成一致，然后坚持它。

记得客户生命周期和员工生命周期吗？该模型的目的是，它们并列存在。它们必须并肩排在一起，或者说是在同一张纸的两面被看到（如果这个比喻对你而言更好的话），为了你的品牌和人才管理工作以综合方式进行。

要做到这一要求，你需要作为一个企业以及雇主来考虑你的声誉，正如一枚硬币的两面。双方必须通过同一组核心组成元素来传递灵感和表达，否则它们将不会被匹配上。这种方法可以用如图 3-1 所示的模型简单地表示出来。[1]

一方面，乍一看，这似乎不是一个激进的概念或方法。人们经常说，常识是不寻常的。当大多数人看到它，它似乎很明显。这是它的力量和吸引力的一部分。

另一方面，现实是，很少有企业以这种方式进行品牌管理、人才管理和交流。品牌、战略、营销、雇主品牌、人才获取和市场项目，往往偏离并按照自己的鼓点踏步（通常按照功能设置节拍器的点击）。

尽管很少有人认为，鼓励调整员工使其提供正确的客户体验是成功的关键，企业日常业务和功能议程的交锋，可以通过努力，形成一个起点。

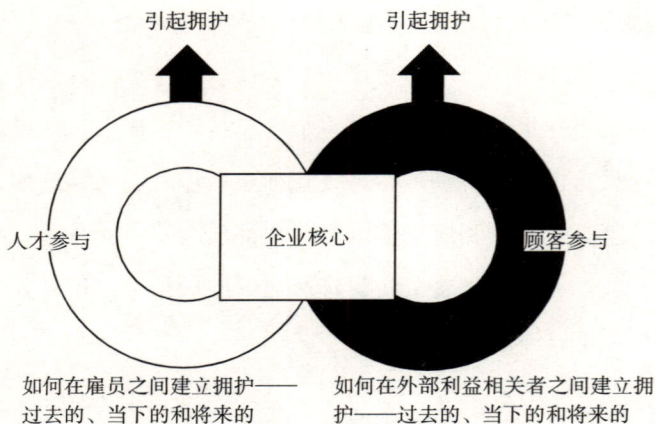

图 3–1　BrandPie 的品牌与人才模型

注：版权所有 ⓒ 2012。

一些企业已经解决了这个棘手的问题，并在其业务结构以及如何交流、将去往何处这些方面，包括内部和外部，展示了其力量。

这些包括：

● IBM。其"智慧星球"的核心在于在 10 个不同的数据驱动的准则方面渗透每一件事

● 埃森哲（Accenture）。"高效，兑现"，是他们不可回避的口号

● 安永（EY）。"建设一个更好的工作世界"，并通过"卓越的客户服务和高效的团队"，不仅渗透到了交流层面，更是覆盖全球 17 万名员工

● 强生（Johnson & Johnson）。这个全球十大制药公司之一的信条（Credo）是灵感、战略和发展的驱动力

● 马辛德拉（Mahindra）。作为印度最大的公司之一，拥有一个整体的"马辛德拉框架"（House of Mahindra），连接了 100 个国家的 18 个行业的 16 万名员工

● 界面（Interface）（全球可持续、模块化界面的领导者）。它的整个业务被驱动，经营被加强，试图实现"零废弃任务"（Mission Zero）——零废弃物，对环境零影响

有趣的是，转移过多的信息和想法是发生在过去 15 年的事。在此之前，有

许多企业试图关注并简化它们是谁、代表什么这些问题。很有可能社会、经济以及最重要的技术变革的结合——以及全球化——使企业失去必需的简化。它们反而被迫沉湎于被迫应对自己混乱的复杂性，在每季度的基础上，它们认为是迫在眉睫的挑战——每一个都产生新的信息，并增加了噪声和混乱。

所以，什么是核心？

上述模型将客户生命周期（和外部利益相关者一同影响你声誉的努力，使你被认识、考虑、偏好和拥护）与员工生命周期连接起来（吸引、招聘、参与、发展和开发你的人才）。

核心是什么？在下面的章节中，我们将详细讨论这些元素中的每一个细节。这一框架简要包括（见图 3-2）：

目标 你为什么存在？	抱负 你致力于实现什么目标？	策略 你计划到达哪里	主张 你如何最好地表达它
标题： 简洁的 5 个字的版本	标题： 3（+/-2）个目标——财务的或是其他的	标题： 3（+/-2）个活动——与经营相关	标题： 简洁的 5~10 个字的版本
"电梯游说" （Elevator Pitch）： 100 字的版本	"电梯游说" （Elevator Pitch）： 20~30 字的版本	"电梯游说" （Elevator Pitch）： 30~100 字的版本	"电梯游说" （Elevator Pitch）： 100 字的版本
深入挖掘： 只要是你和你的受众感觉有趣和有用的	深入挖掘： 只要是你和你的受众感觉有趣和有用的	深入挖掘： 只要是你和你的受众感觉有趣和有用的	深入挖掘： 只要是你和你的受众感觉有趣和有用的

图 3-2 P-A-S-P 模型

（1）目标。这是一个清晰、有吸引力、有信心的陈述，从而回答了这些问题：你为什么存在？你和你的员工早晨为什么起床？如果你根本不存在，你的市场和世界为什么会变得更糟糕？除了利润，你还生产了什么？你的生产活动对你的员工、社区和这个更大的世界产生了什么影响？

（2）抱负。你想要达到什么目标？你要攀登的那座山是什么？你将如何衡量或监测你一路的进展或成功？你什么时候知道你已经成功了（或者是否成功了）？

（3）策略。要达到那里，你的计划是什么？你的企业在做什么活动（什么活动是不打算做的）？和谁？在哪里？以及实现抱负和目标的顺序是什么？每个人如何做出自己的贡献？

（4）主张。考虑到所有这些，在你的竞争环境中，市场中，是什么使你更特殊和独特？当涉及实现服务或产品性能时，你的价值主张是什么？是否相关？它是真实的吗？是不同的吗？这些区别重要吗？

价值关于什么？

这个模型的最简单的形式不包含公司或品牌价值。并不是通过想象力的延伸减少对企业价值的重视。与之相反，价值值得被特别对待，因为首先，关于创造并嵌入价值，有着不同层次的热情和信念；其次，对它们有多重视要从不同的角度看，无论是正式或非正式，使其作为一个文化决策和行为指南针。

关于创造、适应和激活企业价值，已经（并将要）写了很多了。Tom Peters 和 Bob Waterman [2] 等一直主张强大清晰的价值的重要性，有助于定义、塑造和引导企业及其行为——范围包括从它旨在吸引和留住的人才到企业实践甚至它选择合作的顾客。很难不同意这些概念或情感。Collins 和 Porras [3] 同样主张强大明确的指导价值的首要性质对公司击败竞争对手是至关重要的。

另外，当它们并不真正嵌入一个企业时，有一定程度的怀疑主义可以应用到企业价值中。加利福尼亚州立大学的 Edwin Giblin 和 Linda Amuso 所做的研究表明，价值必须被员工内化才是真正的价值，而且根据他们的研究，这种事情很少发生。[4] 因此，这就提出了一个挑战：如果你选择声明价值，但不实现它们，就会在你所说的和所做的之间形成一个差距。而且，我们已经讨论过，这将会损害你的品牌价值。

价值是基本的、根本的、持久的，并且意味着要采取行动。相反地，口号、陈词滥调和标签都是短暂的、暂时的、相对的。例如，如果一个公司的主要目标是股东的短期利润，它怎么能支持"员工是我们最大的财富"呢？[5]

Giblin 和 Amuso 认为企业价值必须是"第一价值"（First-order Values），

第一价值是人们普遍的价值观，在经济低迷或暂时危机时也无法改变。它们因此必须高于直接的商业和企业的相关概念。但最重要的是，它们必须在企业的文化和行为中根深蒂固。显然，这是受影响的，并影响品牌和人才的交流、流程和行为。

出于这个原因，无论你的企业是否选择将这些行为和决策理想视为价值或其他方式，企业都同意它们在这个模型中的位置。

推荐的方法是采取决定，关于：①你是否相信你的价值仍然相关；②你认为它们哪里最适合这个模型。

关于第一点，按其性质，企业价值不应受到频繁变化（如果有的话）的影响。另外，一些企业需要生成，或者希望刷新它们的价值。

第二点，如果你想要适应这个模型中价值的角色，你需要考虑它们的最佳位置。它们可以很容易地适应模型中的任何部分——对准你的目标；实现你的部分抱负；驱动你战略的核心行为要素；根植到你的主张。

就我个人而言，当我与领导团队一起工作来制定或改进价值观时，我坚持两点。首先，正如我们禁止某些关于"品牌"的词汇，我们在价值的争论中禁止十全十美的词语，努力专注于真实、朴实的语言和文字——而且，当然，限制总数不得超过三个。被禁止的词语——它们往往毫无意义或成为陈词滥调，以及被不恰当地使用——它们是：诚信、团队合作、协作、创新。相信我，讲这些事情有更好的方式。其次，它必须从企业内部和外部两方面包括尽可能多的人。

所以，完整的模型看起来要像这样：我们称之为目标、抱负、策略和主张的统一的核心（见图3-3）。这之后被用作核心原则，推动所有围绕"客户"（外部利益相关者）和"人才"（包括同行的内部利益相关者）相关（而且大多数必须）的交流和运营工作。最终，该模型可以建立一套核心思想，当被企业连贯执行，并被整个企业的每个人——从首席执行官到新的雇员——认可和使用时，可以保证对内部和外部利益相关者产生清晰和巨大的影响。

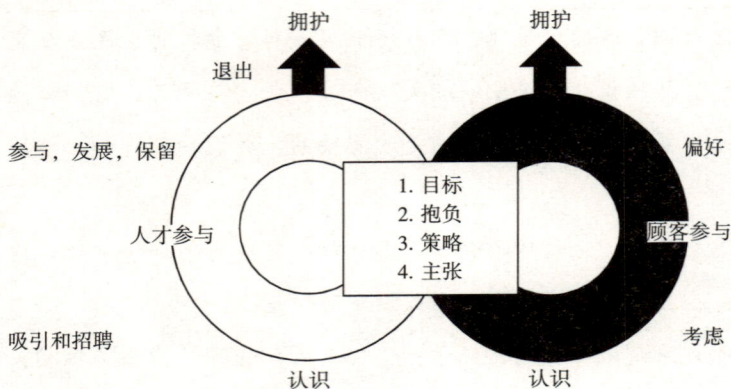

图 3-3　完整的模型

尽管我们已经专注于这个简化模型的客户和人才元素，记住你系统内的其他利益相关者也影响着你的声誉并被其所影响。当然，有一个完整的利益相关者和第三方的空间，他们是影响者也是潜在的拥护者。为了简单说明，我们一直把模型的重点放在客户和人才上，同时为其他利益相关者提供参考。

但真正可持续发展的企业不只是专注于它们的客户和人才，采取全系统的视角，并确保自己的行动考虑到了它们对工作场所和市场的影响，还有对机构和环境的影响。

因此，如果我们谈论真正的综合声誉管理，这个模型（尽管过于或是缺少对称）会稍微复杂一些。当然，声誉管理必须满足所有利益相关者，你必须确保参考对应的 P–A–S–P 模型。

图 3-4 是对于这个模型更全面的探索。

（三）第三步

下一步是进行一些背景分析，并与你的关键利益相关者一起填充这个模型。如果你借鉴第一章第一节中的利益相关者的部分，采取他们的意见是个好主意。

在性质上，这是一个全面的练习，但不需要很繁重。所有的需要你做的就是提一些开放的、简单的问题，并回顾在过去你是如何谈论类似视觉、任务和价值概念的。

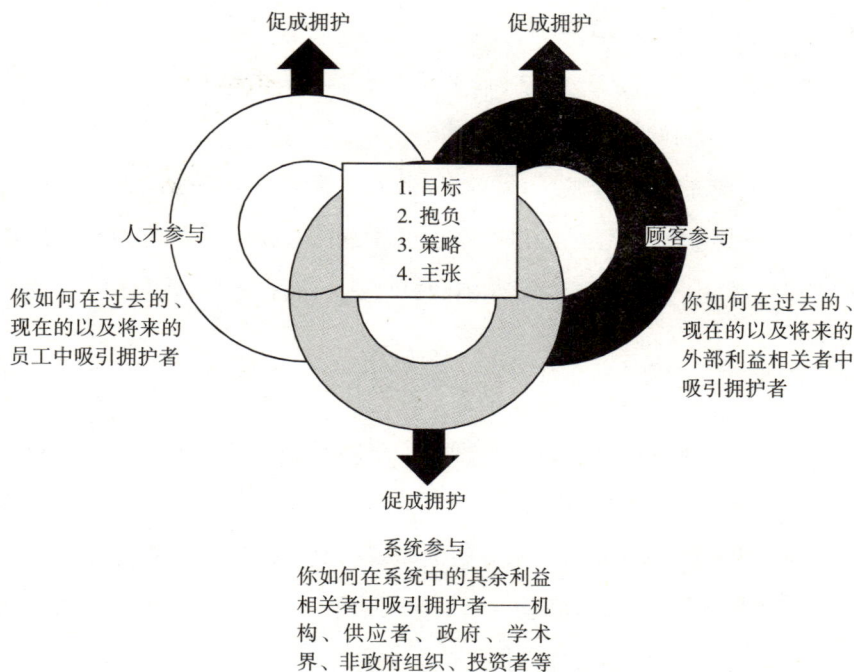

人才参与
你如何在过去的、现在的以及将来的员工中吸引拥护者

促成拥护

促成拥护

1. 目标
2. 抱负
3. 策略
4. 主张

顾客参与
你如何在过去的、现在的以及将来的外部利益相关者中吸引拥护者

促成拥护

系统参与
你如何在系统中的其余利益相关者中吸引拥护者——机构、供应者、政府、学术界、非政府组织、投资者等

图 3-4　掌握 P-A-S-P 模型

五大基本战略是：

（1）审视自己。审视你自己的进程和交流以检测一致性和调整水平。你们是否一致？你们有条理吗？你们是否是可信的？你们清楚吗？你的利益相关者的信息和你的核心思想有多大不同，还是有一点点的不同？

（2）使利益相关者参与进来。与你的利益相关者（如员工、客户、供应商、合作伙伴和监管机构）对话，并提出问题：

● 你认为我们为什么存在？

● 什么让我们成为我们，我们应该做什么以及我们怎样让它有价值、与众不同或特殊？

● 作为一个企业，你最看重的是什么？

● 你将什么词语或是想法和我们联系在一起？

● 为什么顾客想雇用我们或者购买我们的产品？

● 对于我们提供的服务和销售的产品，什么是最重要的？

● 人们为什么要在这里工作？为什么留下？为什么离开？

（3）审视你的竞争对手（包括商业和人才市场），来看看他们所说的和所做的是什么，以及他们如何定位自己。

（4）设计可能的解决方案，并再次吸引人。探索不同的你认为可能希望在你的目的、抱负和主张中占领的地区——然后，返回去检验这些与利益相关者的对话（内部和外部的）。他们认为最准确的是什么？最有特色的是什么？最鼓舞人心的是什么？

（5）提交和执行。选择最佳的设置，然后评估你需要开始做什么，继续做什么，停止做什么来确保与你的目的、抱负、策略和主张在各个操作层面的准确执行。你将需要建立业务案例，在大多数情况下是由于委员会的变化和转型的优先事项、计划、里程碑和时间表（从你的战略映射到你的抱负，并与你的目的和主张对应），以确保你可以抵达那里。但是，其他书籍也很好地涵盖了这个内容！

1. 第一阶段——审视你自己

审查/审核企业现有的信息是必要的。你需要审查一系列与内部和外部的利益相关者的交流，并挑选出最引人注目来建立主题和模式。你是否对不同的利益相关者以相同的方式说了或多或少的相同的事情？你用不同的信息表达你是谁、你为每个人做了什么吗？如果你把这些交流放在一个大表格里（并且审查你交流后面的各种过程——例如，在销售、企业发展、招聘、绩效计划、奖励和认可，以及内部交流等方面）——他们会讲一个连贯的故事吗？是否有一个中心主题？

第一阶段的研究结果应该为你提供一个强大的观点来考虑你的目的、抱负、策略和定位。

2. 第二阶段——与利益相关者交流

使用相结合的方法——从一对一访谈到研讨会/讨论组——或在线或离线，你需要与那些对你作为企业和雇主的声誉有强大见解和最大影响力的人开展结构性对话。

你的领导团队相信吗？它反映了企业的其他感知吗——在哪里、如何以及为什么是或为什么不？这是否反过来与被你的外部利益相关者认为重要、真实和独一无二的部分相匹配——从客户到供应商到监管机构到记者和分析师？你是否有并未有效利用的隐藏优势，或你认为重要而他人认为不重要的事情？

3. 第三阶段——审视你的竞争对手

对于你的企业使用类似的标准，审视一下你的竞争对手（无论是市场份额还是人才——他们有时都是非常不同的）。他们在说什么？是怎么说的？与你所说的和所做的有多相似？有何不同？你们都聚集在同一个狭小的区域——还是有人设法脱颖而出？如何，以及为什么？

做出选择。看看"通常的例子"——但也要选择一些你和你的团队钦佩的企业，看看可以从它们身上学到什么，它们做了什么，以及它们是如何做到这点的。

你是否能够围绕第一阶段和第二阶段为你开拓的空间开始形成一些想法呢？

4. 第四阶段——设计可能的解决方案，并再次吸引人

使用你从前三个阶段中获得的见解，并开始对不同变量进行建模。只要你有审核线索来验证你想选择什么方向，不要害怕，要大胆：你正在探索机会，如果你不带着一些可怕的想法进入这个阶段，那么说明你没有足够努力。制造一些不同的模型和目标、抱负、策略、主张的组合。只有通过实验、探索和讨论，你才可以得到正确的解决方案。

然后，你需要再次让你的利益相关者参与进来，这一次向他们展示你的结论，并要求他们对你不同的选择做出反应。提供一些比较客观的标准供他们使用（相关的、真实的和区分性不是一个坏的开始）。

5. 第五阶段——实施和执行

一旦你已经测试了自己的想法并让利益相关者参与进来，就应该将它缩小到一个或两个选项，微调它们，然后决定对其中之一做出承诺。这一承诺必须由领导小组制定并完成，而且必须清楚地传达给企业的其他部门。

策略元素通常是具有挑战性的，根据这些新的目的、抱负、策略和定位与现有的状态相比有多大不同，它可以对你的品牌、人才和经营过程，以及项目起到作用。在许多情况下，这个过程可以是（或者可以投入行动）彻底的策略的结果。在更多的情况下，经历这一过程将对策略的关注和明晰产生积极影响——如果不是这样就奇怪了！

最终的目标是确保企业的每一部分都意识到、参与并承诺按照它们整体的目标、抱负、策略和定位调整它们所说的和所做的。如果任何变化都不被允许的话，实践过程中会挫败目的。

这样，创建一个核心框架就变得可能了，与跨职能部门的利益相关者以及员工、客户和其他人共同创建并下定义，以品牌和人才管理作为一致明确的关注重点——作为一套而不是多套观念和信息。

三、它与其他方法有哪些不同

在某些方面，可以说，只是简单地改写了很多标准的方法来建立愿景、使命、价值和定位，这将是一个公平的挑战。制定企业、品牌和人才战略的各种方法都是有记录的，大多数和这个模型不会有太多不同。

另外，跨职能、跨文化以及区域性的动态为许多企业创造了一套过于复杂的信息和想法，应用过多的空间在不一致的选择上——经常受到"地域化"的局限。我相信"重置"这种不平衡的方法就是使用了在这里提倡的方法。

因此，尽管这里借鉴了很多不同的方法，这种方法还是：

● 重新定义了一些不那么老生常谈的核心条款

● 保持简单——四个核心要素，语言平实

● 既允许有启发性的高层次内容，又允许有商业化的目标和业务/经营内容

● 用综合的方式将其与客户和人才市场信息并排，而不是把它们作为独立世界对待

在余下的内容中，我们将略微深入地依次挖掘目标、抱负、策略和主张这些内容。

本节注释

[1] BrandPie 的品牌与人才模型，copyright © 2012

[2] Peters，T and Waterman，R（1982）*In Search of Excellence：Lessons from America' Best-run Companies*，Harper & Row，New York. 有史以来被誉为最大伟大的商业书籍，但作者承认自己的数据仍有可疑之处

[3] Collins，J and Porras，J（1994）*Built to Last：Successful Habits of Visionary Companies*，Harper Business Essentials，New York；（2001）*Good To Great：Why Some Companies Make the Leap ... and Others Don't*，Harper Business，New York；and（1996）Building Your Company's Vision，*Harvard Business Review*，September

[4][5] Cited in Williams，R（2010）What Do Corporate Values Really Mean?，*Psychology Today*，February

人才的培养目标

让你的工作与目标保持一致。

(Leonardo da Vinci)

一、指引方向的明星

关于"企业愿景/使命"和"使命/愿景陈述"的想法已经写得太多了。几十年来，它们已经经历了从令人惊叹到极其荒谬的过程——并且，有时很难评判两者。就像价值一样，很多人认为这是战略和企业领导"工具包"的基本要素。而且实际上，它们的确是。这样的结构可以并且应该被创建出来，在最根本和长期的水平上，它们应该成为有利于决策制定和方向设置的工具。它们往往始于最好的、最正确的意图。

不幸的事实是，通常，它们不可避免地陷入委员会语言艺术中（而且，你猜对了，往往是功能激励的）"洗碗槽"的心态。我们很多人都经历过"调整"，使一个短小精悍的 10 字愿景变为冗长的 50 字的公司作品。

这是一件上不了台面的事情，因为有充足的证据表明，设法树立并追求更高的目标而不是简单地为股东进行利润积累的企业比不这样做的企业表现得更出色。正是因为这一原因，执行团队把典礼放在首位。此外，当准确地执行一致性时，这些语句可以成为一个强大的工具，提供坚定的决心，可以帮助企业众志成城并推动整个企业发展：从品牌到人才和超越。

本书提出了"四个盒子"模型（P–A–S–P）（见图 3-5），它旨在通过为那些为了占据传统愿景和任务定义的频繁竞争的元素提供"空间"，来简化和适应这个过程。"四个盒子"中的每一个都可以容纳一些元素，它们经常在使命、愿景、价值、策略和品牌模型中混在一起。关于这些词语，给出一些指导——这些是用于瞄准的目标，但每一个企业必须自行决定包括多少。少有时候意味着多。

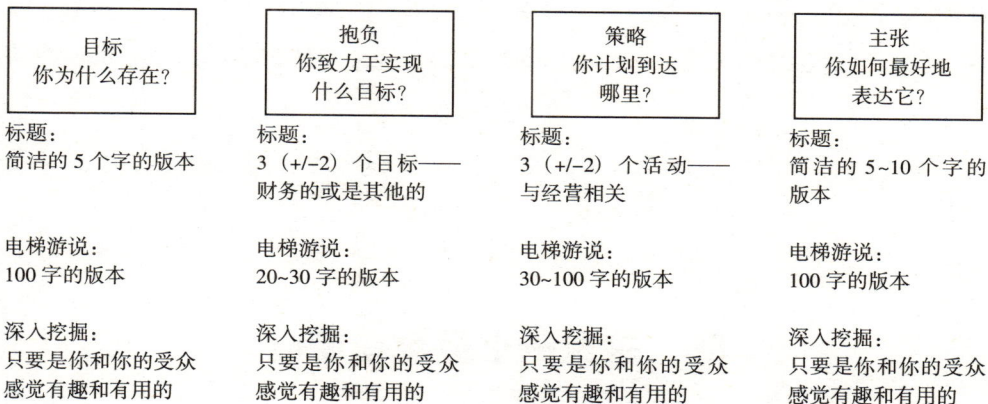

目标 你为什么存在？	抱负 你致力于实现 什么目标？	策略 你计划到达 哪里？	主张 你如何最好地 表达它？
标题： 简洁的 5 个字的版本	标题： 3（+/–2）个目标—— 财务的或是其他的	标题： 3（+/–2）个活动—— 与经营相关	标题： 简洁的 5~10 个字的 版本
电梯游说： 100 字的版本	电梯游说： 20~30 字的版本	电梯游说： 30~100 字的版本	电梯游说： 100 字的版本
深入挖掘： 只要是你和你的受众 感觉有趣和有用的	深入挖掘： 只要是你和你的受众 感觉有趣和有用的	深入挖掘： 只要是你和你的受众 感觉有趣和有用的	深入挖掘： 只要是你和你的受众 感觉有趣和有用的

图 3-5　P–A–S–P 模型

二、达到目标

第一步是理解目标的定义，正如前一节所定义的。这很简单：作为一个企业，你为什么存在？你对你的利益相关者产生了什么影响？如果你明天消失了，世界为什么会变得更糟糕？

一个目标可以是宏伟的、高层次的，也可以是碎片化的、颗粒化的，随你喜欢。最重要的一点是，它是真实的，它符合你公司声称的天赋（或在贡献中发挥作用）。重要的是不要漂流到一个对企业的工作场所和市场活动没有实质影响的地方。

目标应该是简短而深刻的，是精准的化身——五个字是一个很好的目标。当然，你可以更详细地解释其第二层和附加层的信息。

三、你的目标是口号或标语吗

一个简单的答案是：视情况而定。一些企业可能选择使用他们的目标作为其企业级战略和市场交流的最高水平的主要驱动力。其他企业可能会不那么明显地使用它，比如在内部交流中，在他们的年度报告中，并作为他们的企业责任活动的旗帜。

鉴于目标导向的品牌建设的证据，使用目标作为你的品牌定位是值得考虑的。[1]

四、这是一个品牌模型吗

坚持这种模式的企业通常会创建品牌和身份指引，当然，连接、反映有助于企业通过交流的方式将这种模式变为现实。我通常建议反对创造一个新的术语（如品牌价值、属性等），因为这可能会增加你本来试图通过这个模型简化的噪声。尽管如此，只要它是用于指导和指导文件的背景下，特别是有关这种声音的语调，你可能就会希望提供额外的细节。但这么做要有节制。

五、什么是目标驱动（Purpose-driven）型品牌

目标驱动型品牌是企业清醒地把它的"为什么"放在前面和中心——在它们交流的方式上，但更重要的是，在其实际的业务行为上也是如此。"目标"驱使了它做什么，不做什么。"目标"定义了它提供什么服务，销售什么产品，雇用、提

拔和奖励什么员工——换句话说，它如何做生意。

举一些例子：

● 亚马逊（Amazon）："允许自由选择"

● IBM："智慧星球的解决方案"

● 安永（EY）："建立更好的工作世界"

● SAP（思爱普）："帮助世界运行得更好"

● 麦肯锡公司（McKinsey & Company）："世界变化的客户影响"

● 联合利华（Unilever）："每一天创造一个更好的未来"

● 宝洁（P&G）："目标催生创新"

● 可口可乐系统（The Coca-Cola System）："激起幸福时刻"

● 迪士尼（Disney）：原来是"让人们快乐"（或者，在一些地方改为"创造家庭的魔力"）。它们的新版本可能已经成为"委员会编辑"疾病的受害者："永远诚挚地为所有年龄的人提供最出乎意料的娱乐体验"

很多人看到这些激昂的话语可能会觉得只是粉饰（漂绿）而已，言过其实或跳入所谓的"可持续性"的潮流。毫无疑问，许多人会有这种尝试。但让上述公司与众不同的是，它们不只是说说而已——它们在开展业务和经营模式的时候，显性或隐性地践行这个承诺。

目标导向型品牌自 1943 年的信条：强生公司

我们的信条：

我们相信我们的第一责任是为那些使用我们产品和服务的医生、护士和病人，母亲和父亲以及其他人服务。为了满足他们的需求，我们做的每件事必须是高质量的。我们必须不断努力降低成本以保持合理的价格。客户的订单必须及时准确地得到服务。我们的供应商和经销商必须有机会创造利润。

我们对我们的雇员负责，就是那些与我们一起工作的男人和女人。每个人都必须被视为一个个体。我们必须尊重他们，承认他们的优点。他们在工作中必须有安全感。报酬必须公平和足够，工作条件干净、有序、安全。我们必须注意的是如何帮助我们的员工负起他们的家庭责任。员工必须有自由提出建议和投诉的权利。那些合格的员工必须有平等的机会被雇用、得到发展和进步。我们必须提供称职的管理，他们的行为必须公正道德。

我们对我们生活和工作的机构以及世界社区负责。我们必须做良好的公民——支持良好的工作和慈善事业，并承担公平的税收份额。我们必须鼓励公民发展更好的健康和教育。我们必须让特权保持良好的秩序，并保护环境和自然资源。

我们最终的责任是对我们的股东。企业必须有可观的利润。我们必须尝试新的想法。必须进行研究，开发创新项目并为错误承担后果。购买新设备、提供新的设施并推出新产品。必须为不利的情况提供储备。当我们按照这些原则运作时，股东应该意识到回报了。

许多人认为，对利润和更高的目标的追求，是一种"要么是利润，要么是目标"的取舍。但领导们——在哲学和财务绩效上——发现它实际上是一个"利润和目标"模型。事实上，领导人认为它们是不可分割的：

● "这不是企业社会责任，这不引起营销，这不是一个慈善的战略，这是一个商业策略。你的慈善事业来自它，就像你的研发和人力资源来自它。但是一旦你选择了目标——一切应该来了。"（Jim Stengel，宝洁（P & G）前任首席执行官）[2]

● "联合利华的可持续生活计划"，首席执行官 Paul Polman 表示，"这不是一个需要庆祝的新项目。这是一个需要实现的新的商业模式"。

● "对于一个公司或者任何企业而言，除了最终目标，没有更多的战略问题。"（英特尔公司前首席执行官 Ray Anderson）

● "这不是一个理想的愿景，而是解决困扰了全世界的这类问题的实际方法……这也吸引了我们的注意力——从工作和能源到环境和全球金融的系统问

题。"（IBM 首席执行官 Sam Palmisano）

● "我们理解自己应该将目光放眼于自身利益和参与世界的义务。我们用我们的全球影响力和我们与客户、政府以及非营利组织的关系创造积极的变革。"（Mark Weinberger，安永首席执行官）

● "在 21 世纪中领先的公司将成功定义得比财务业绩更为广泛。它们认为自身在世界的影响包括社会、环境和经济等方面的影响。"（Jim Hagemann Snabe，思爱普（SAP）共同首席执行官）

六、为什么目标驱动型品牌比其他品牌做得好

在目标驱动型品牌的话题下，有很多的数据集、出版物和相关研究成果。我们研究了一部分，并持以下观点：

● 87%——告诉员工应该对社会利益和公司自身的目标赋予相同的"权重"。（Edelman 优秀目标的调查，2012 年）

● 94%——首席执行官认为"我们的公司不只是代表自己的行为，还要为价值链中的其他人的行为负责任。"（2010 年公司慈善行政总裁会议）

● 61%——在两家位置、职责、薪资和福利相同的公司间权衡时，将公司对可持续性的承诺作为决定因素的应届毕业生的数量。（2011 年德勤志愿者影响调查）

● 62%——在 20 个国家的公众中，比一年前更不信任公司的人数。（2009 年爱德曼信托基金会）

● 42%——显示社会企业和财务绩效的正相关关系的学术研究数量。（哈佛商业评论）

哈瓦斯媒体集团（Havas Media Group）公布了一个全球分析框架，[3] 观察了23 个国家的 700 多个品牌并且发现了一些显著的成果：

● 有意义的品牌在股票市场表现得更为出色，得分超过其他品牌 120%。自

从 2004 年开始，在有意义的品牌指数（MBI）上领先的 25 家公司的股票价格就比那些顾客觉得意义较少的公司的股票价格上升得更快

● 当问及比如品牌明天就消失了，人们是否会想念它时，前 10 个品牌得分都在 50%以上。所有品牌的平均水平仅为 38%

● 70%的人认为在提高我们的生活质量和福利上，企业和品牌都应该发挥作用

● 然而，只有 24%的人认同企业和品牌正在努力促进这些发展

● 这被影射到西欧（29%）和东/中欧（31%）、欧洲和美国（28%），但少见于日本（46%）和类似于拉丁美洲（48%）和亚洲（51%）的发展中市场

● 只有 32%的人相信企业和品牌

● 54%的人相信他们对社会和环境都是负责任的

《福布斯》杂志公布了这些数据[4]，也支持了这些观点：

● 87%的全球顾客认为企业至少应当赋予社会利益与企业利益同样的权重

● 20%的全球品牌被视为对人们的生活是有意义和有积极影响的

● 只有 6%的人相信企业单一的目标是为股东赚取利润

品牌价值评估顾问 Millward Brown 和前宝洁全球营销官 Jim Stengel 创建了这50 个品牌的名单，他们说这些品牌于 2001~2011 年在获取了最大的经济发展的同时，与客户建立了最紧密的联系。为了得到 Stengel 名单中的这 50 个品牌，[5]他们评估了跨 30 多个国家的几千个品牌。名单中包括 28 类，包括企业对企业和企业对客户的，且规模大小不等，营业收入在 1 亿美元及超过 1000 亿美元的不同企业。[6]

投资这些公司——"Stengel 50"——在过去十年中的获益率比标普 500（S&P）[7] 中的企业多 400%。

哈瓦斯全球首席执行官（全球青年领袖大会的联合创始人）David Jones 为目标导向的品牌提供了三个简单的规则：[8]

（1）忘记"形象就是一切"，拥抱"现实就是一切"。品牌需要围绕它们所做的来创造真实性——它不需要完美，但确实需要诚实。

（2）好好去做。旧世界企业社会责任见证了公司的"回报社会，而不再关注自己能从社会获取什么（以及如何获取）"的意识。在目标驱动型品牌的新世界里，企业如何在其内部和外部影响其股东被记录进其经营模式中。成功产生利润，让企业得以继续经营，只要它的目标仍然是相关的。"好好去做"是"做得好"的副产品。

（3）在竞争中出奇制胜。80%的品牌建设是通过行为，而不是营销。人们想知道一个企业代表什么，他们希望看到有证据表明该企业正在履行一一承诺。

七、小　结

为企业创建一个强大的、明确的、令人信服和可信的目标，它定义了企业为什么存在，这对任何想要长久且相关的企业都至关重要，更不要说使企业持续发展的韧性了。尽管一个企业可能或可能不会明确地选择使用它的目标作为外部定位，但这还是值得考虑的。在任何情况下，目标都应该提供一个明确的指南，在这些方面引导该企业：

- 它如何经营
- 它提供什么产品和服务（不提供什么）
- 它会（以及不会）在什么部分和位置参与经营
- 它雇用谁
- 它解雇谁
- 它发展谁以及它如何发展和促进他们
- 它获得了什么业务
- 它的资产配置如何
- 它如何管理它关于公司责任的努力
- 它如何营销和销售
- 它如何让股东参与进来，什么时候，为什么以及频率如何

● 它如何管理它的供应链

● 它如何选择、管理和运转它的设备

● 它把资产借给谁

● 它向谁借贷

● ……

在下一节中，我们将会花一些时间在抱负（Ambition）这一问题上——以及它与目标、策略和主张的关系。

本节注释

[1] 事实上，我们最主要的"4P"原则里面第四个 P 是定位而不是主张。只有当我们决定为企业提交一个目标驱动的品牌的时候，很清楚地，我们定义为"定位"，实际上是一个面对市场主张和异化的更清晰的表达。这个"让圆变方"（Squared the Circle）表现了模型的能力，通过"四个盒子"模型提供顾客价值建议和员工价值建议

[2] Kapelke, C (2013) The Big Ideal, *ANA Magazine*, Winter

[3] Meaningful Brands-Havas Media Group's Metric of Brand Strength 2013

[4] Mainwaring, S (2013) CMO vs CSO: 8 Steps to Bridge the Divide that Could undo Your Business, Forbes.com

[5] Stengel, J (2011) *GROW: How Ideals Power Growth and Profit at the World's Greatest Companies*, Crown Business, New York

[6] Millward Brown 将于 2013 年 10 月出版此书，书名为 *The Meaningful Brand* [Online] http://www.millwardbrown.com/Insights/PublishedBooks/The_Meaningful_Brand.aspx [accessed 11 October 2013]

[7] King, B (2012) 50 家发展最快速的品牌, sustainablebrands.com

[8] Jones, D (2011) *Who Cares Wins*, Financial Times Series, Pearson Financial Times, Harlow, 引自 Lynn Satna Lucia in Kapelke (2013)

第三节　人才的可塑空间

أصحاب العقول العظيمة لديهم أهداف و غايات، أما الآخرون فيكتفون بالأحلام.أ
(واشطن إرفنج)

思维强大的人有目标和目的，其他人只是做梦而已。

（**Washington Iirving**）[1]

抱负 /am'biSHən/ 名词

● 做某件事或得到某个东西的强烈愿望，通常需要决心和努力

● 取得成功的愿望和决心

为什么"抱负"一词在一些角落，似乎已经成为一个贬义的字眼？也许是因为有些人在它定义的结尾加入了"……不惜任何代价及使用任何方法"这样的句子。但如果你将抱负和目的结合起来，这将会是一个非常强大的组合。

每个企业都应该有抱负：为它希望实现的目的描述一幅清晰的画面。这种抱负如何与企业的目的相互作用是至关重要的，它们是共生的。

我们的模型提出了一个关于"抱负"的定义：你想实现什么？你想跨越什么高山或你想达到什么结果？如果你尝试回答这两个问题，应该有健康、强大的思辨能力——在你把作为领导团队和作为企业的区别弄清楚之前，思想和内容还会反复更改几次。

如果目标是你为什么存在，抱负就是衡量你为了实现那个目标所取得的进步。探讨这一动态的最佳方式是表现出来而不是说出来，因此，这里有一些例

子——有些比其他的更为经济化。但正如你看到的，在目的和抱负之间有一个明确的平衡。首先，有时你的抱负是不分享的，或者至少不全部与外界世界分享——如果它包括市场份额、收入、盈利能力、发展或类似的指标（IBM 似乎属于此类）。其次，当然，在这些例子中唯一明显使用 P–A–S–P 模型的是安永，因此，其中的一些是"反向驱动的"！

这些例子如表 3–1 所示。

表 3–1　一些企业的目标和抱负

联合利华（Unilever）	目标：	"每一天创造一个更好的未来"
	抱负：	● 帮助十亿多人提高他们的健康和身体状况 ● 将我们产品对环境的影响减半 ● 持续地以我们的农业原材料为资源，提高我们整个价值链上人们的生活水平
思爱普（SAP）	目标：	"帮助世界运转得更好"
	抱负：	思爱普的综合报告[2] 定义了包括公司四个关键目标在内的一系列经济的和非经济的目标： ● 收入 ● 营业利润 ● 顾客获得性 ● 员工参与 四个环境指标： ● 温室气体排放量 ● 消耗资源总量 ● 数据中心能量 ● 可再生能量 七个社会指标： ● 员工参与（也是公司的目标） ● 企业健康文化指数 ● 员工保留 ● 管理妇女数量 ● 社会投资 ● 能力建设 ● 雇主排名
安永（EY）	目标：	"创建更好的工作世界"
	抱负：[3]	到 2020 年，我们将成为一个资产达 500 亿美元的专业服务企业： ● 最好的品牌 ● 最受欢迎的雇主 ● 在我们选择的服务领域，市场份额第一或第二 ● 与我们的股东建立积极而强大的关系
迪士尼（Disney）	目标：	"永远诚挚地为所有年龄的人提供最出乎意料的娱乐体验"
	抱负：	● 公司的主要财务目标是盈利和实现现金流量最大化，并为发展措施分配资本，以推动长期股东价值 ● 最终，我们的目标是成为世界上最受尊敬的公司。我们相信自己可以通过道德的方式来经营和创造我们的产品然后实现这个目标，并通过激励孩子们和家庭与我们一起创造一个更加美好的明天，来增强他们的幸福感

续表

麦肯锡公司 (McKinsey & Company)	目标： 抱负：	"世界变化的客户影响" 帮助领导者在经营方面做出独特的、持久的改善，同时不断建立大的公司来吸引、发展、激励和留住优秀人才

哈佛商学院教授 Mike Beer 总结得很好：[4]

我们讨论一个重点学科：建立一个战略形象。这意味着它们开始决定了这个过程："自己将要做什么，提供什么服务或产品，自己是谁，将进入什么市场，以及从商业的角度看自己将做什么"，首先要问自己："我们是谁？"从内到外开始进行，而不是从外到内。

那么，华尔街最差的公司做什么呢？它们追逐利润，而利润不一定是它们的核心能力或长期道路。它们只是追逐利润罢了。

这些公司不追逐利润。它们期待利润进而获得利润。然而，是通过关注"我们是谁"开始的吗？它们有什么能力？它们的工作人员对什么充满激情？它们关心什么？它们的价值是什么？那么，现在让我们寻找市场机会与"我们是谁"的交集，来建立优势。

这些公司的另一个准则是创造一个绩效驱动的企业文化。当情形艰难的时候，要想办法在困难时期做得更好，要有创造力，要有创新，它们所做的是创造高标准并且让人们参与到这些高标准中。它们如何让人们参与到高标准中呢？通过表达了一个更高的目标？

因此，通过赋予公司和员工更高的目标，并发现简单的公司财务结果之外的更高的目标，它们也明白并希望使公司能够在这些较短期的财务业绩中取胜。作为结果，它们付出了额外的努力、有着更多的创新、解决更多的问题，在那些艰难的时刻，努力做到自己可以做到的最好的程度。

小　结

正如你所看到的，你的抱负的确切性质以及如何与你的目标相关可以（而且应该）根据你的特殊情况而有所不同。一些企业落实了非常精确的目标和指标。另一些则落实了它们所期望实现抱负的时间，这样就可以在不改变目标的情况下更加灵活（当然，变化很少有）。有些企业混合了有形的金融要素与无形的社会要素——然而，其他企业则把它们分得非常清楚，并且分别制定对应的目标。

他们所有人似乎都理解欲望和为了成功所采取的决心和努力——同时确保这样的抱负产生于一个更高目标背景之下。

本节注释

[1] 我最先在 Arabic 上发现了这个引用，它的翻译很完美

[2] http：//www.sapintegratedreport.com/2012/en/key-facts/connecting-financial-and-non-financial-performance.html［accessed 11 October 2013］

[3] http：//goingconcern.com/post/new-ey-50-billion-revenue-goal-squishy-independence-and-adios-ampersand［accessed 11 October 2013］

[4] 引用自 HBR IdeaCast，2011 年 10 月 20 日，Mike Beer. Beer，Metal（2011）*Higher Ambition：How Great Leaders Create Economic and Social Value*，Harvard Business Press Books，Cambridge，MA

人才的塑造策略

花点时间去思考，但当行动来临时，停止思考，去行动。

（**Napoleon Bonaparte**）

在为战争做准备时，我发现计划是没有用的，但却是不可或缺的。

（**Dwight d Eisenhower**）

一、计划是什么

这不是一本关于制定、完善、实施企业策略的书，因此我们不会花很多时间在这个特定的主题上。

已经说过了，如果你在自己、员工以及股东保有信心的方面没有一个明确的计划，那么光有一个理想的目标和鼓舞人心的抱负，是没什么好处的。

我们将策略定义为：一组活动的关键领域，企业化将专注于实现目标和抱负。定义可测量的目标（KPIs）和完成行动计划从战略开始。

完成目标、抱负和主张模型的时间对你的策略可以被轻易地"取消和转移"的程度，以及是否需要更重要的考虑和修订有着显著影响。一般的情况是，在发展一个策略的过程中，对目标和抱负的要求很明确。如果这些都不清楚，一般一个好的策略团队会要求"净化"一下他们的同事、下属和董事会。

目标和抱负可以对策略的清晰度和分类有非常大的正面影响——经常提供许

多策略元素的角度（从服务提供到收购计划，再到人才招聘和管理的基础设施），
这些元素可以被投入到更清晰和相关的分类中。

事实上，一个明确的目标和抱负的力量在于，它有助于标记那些虚假的并且
对是否成功没有巨大影响的战略领域。策略的本质是选择不做什么。"权衡是策略
的关键。它们创造了选择和有针对性地限制公司供应的需求。"[1]

由于商业世界是动态的，在思维和策略方面有着令人难以置信的周期性。尽
管迈克尔·波特的文章[2]有近20年的历史，其中许多企业已经失去的"策略适
合"思想，存在于"四个盒子"P-A-S-P模型背后的许多相关方式中。到这个程
度，这个模型致力于确保企业活动"加入"到所有"四个盒子"里，令人欣慰的
是，波特对于"适合"的观察是正确的："竞争优势来自整个系统的活动；整体
比任何单独的部分都重要。"他探讨了三种"策略适合"：

● 一级匹配（First-order Fit）是活动/功能和整体策略之间有着完全的一致
性。这确保了它不被活动的竞争优势所侵蚀或取消。

● 二级匹配（Second-order Fit）是在活动加强时产生的。通过确保运作和营
销活动专注于满足一个普遍的需求并与普遍的组织性、服务和产品设计相连。

● 三级匹配（Third-order Fit）就是波特所说的"优化的努力"，并专注于减
少浪费和浪费的精力，在活动/职能间达成协调和信息互换。

波特总结道："一个公司的定位越依赖二级匹配和三级匹配的活动，它的可
持续优势就越多。"

二、例　子

让我们举一些例子来阐明这一观点。

（一）IBM

IBM的"智慧星球"（Solutions for a Smarter Planet）解决方案的目的无疑是

对准它不外部共享的抱负（或者，至少不那么容易被发现）！然而，它的策略是一个关于策略如何与目标相连的特例，它已经清楚地找到了一种方法来与它的目标产生二级匹配和三级匹配。

IBM已经相当简单明了地排列了其将数据视为创造"智慧星球"解决方案的10个领域，并将其转变为战略销售和服务类别。其"进入市场"的结构、产品和服务与市场和部门（如外包、咨询、IT、服务和行业解决方案）相一致，它将在基于数据驱动的需求上，建立一个更聪明的星球——跨越广泛的利益相关者：

IBM核心的服务主张支持人们创造一个"智慧星球"的目的，都是基于数据采集。它们是：

（1）更聪明的分析：把信息转化为洞察力。IBM提供了先进的分析服务，承诺通过面对的信息源将企业引导到运营和战略层面。这就是IBM为客户提供服务的最佳经营之处。充分的数据分析确保了智能的、知情的和快速决策的过程。

（2）社会商务：连接人们并给予他们权利。IBM认为，社会合作产生创新。通过培训其客户接受社会技术，新的改变和创新的方法就此产生，每个供应链上的人都被包括进来，从员工到供应商，再到客户和高层管理人员。

（3）云计算："云"移除了限制。随着智能业务的出现，越来越多的数据需要存储，系统和流程需要保持在头脑中。IBM的专长在于充分管理这些事物所产生的成本，同时减少和重新分配精力。利用"云"确保企业更高效和更简便，有效地利用其技术资源。

（4）更聪明的商业：顾客来自这个时代。如今的客户更精明，比以往有更多的联系，渴望得到透明的信息并且参与到企业中。IBM认为，有了其商务咨询服务，企业将能够追随消费者的需求，并在真实的基础上与他们接触。

（5）移动企业：企业具备移动性。当今商业世界最具革命性的变化之一就是移动消费者的兴起。拥有平板电脑和智能手机，消费者可以浏览、购物和支付他们的在线商品。IBM的移动企业分工为了确保企业为应对消费者不断变化的消费欲望做足准备。

（6）智能安全性：风险管理、安全性和合规性。更聪明的企业需要努力争取更安全的流程。面对安全、市场、运营、环境和合规风险的威胁的到来，高层管理人员需要识别风险并提出合适的应对策略。IBM提出了系统改进和高效的进程变革，来缓解和处理威胁。

（7）纯正的系统和数据：为集成解决方案铺平道路。IBM的系统团队承诺将个人技术要求与系统解决方案联系起来。通过将硬件和软件调整到企业特定的单一的系统，减少低效率并且确保高性能。

（8）更智能的计算：促进企业的有效性和效率。这是IBM的最后操作咨询"武器"，着眼于日常的流程和系统的改进。更智能的公司需要在表现不好的市场中获得更多的成就。

（二）联合利华（Unilever）

联合利华的策略与著名的"可持续生活计划"（Sustainable Living Plan）相连，所有的品牌和创新活动与一组核心战略里程碑相连并进行比较。

通过调整其以改善健康和福祉，减少对环境影响并提高生计为目标的活动，联合利华努力为自己和其运转的世界营造可持续的未来。改善健康和福祉的举措，包括特别注重卫生和营养，研究温室气体、水和废物政策，努力改善其对环境的影响。最后，联合利华通过对资源可持续化和其他民生举措的重视来加强生计（见表3-2）。

表3-2 联合利华的"可持续生活计划"

关键目标	促进健康和福祉	减少对环境的影响	加强生计
倡议	健康、卫生、营养	温室气体、水、废弃物	资源可持续化，改善生计

当然会有人说，联合利华无疑具有一套强大的运作和管理过程、结构和方法来实现这些，首席执行官Paul Polman说得非常清楚，"可持续生活计划"是其策略的同义词。

（三）安永（EY）

尽管我们可以假定安永像 IBM 与联合利华一样，也为其各个策略要素制定深入和详细的执行计划，它关注的三个重点领域显然与其"建设一个更美好的世界"的目标和它力图在 2020 年之前实现的抱负是并列的。它的策略是：[3]

- 绝对关注赢得市场
- 创造经营最好的团队
- 强化全球，授权本土

这三个策略支柱中的每一个都为企业中的每个人提供了明确的方向和优先事项，来评估自己的努力和活动，特别是参考其目标和抱负。

三、小 结

如果策略与高层次的目标或明确的抱负不相匹配，没有企业可以创造一个可持续的策略。企业可能享受短期的成功，而且事实上通常可以制定和执行有效的策略，而不记录他们的目标和抱负；但长期而言，拥有更加综合的思想目标可以获得利润并吸取教训。

下一节讨论的主张——客户与人才——是讨论如何把这一切结合成一个有凝聚力的品牌和人才管理办法的最后一节。

本节注释

[1][2] Porter, M (1996) What Is Strategy?, *Harvard Business Review*, November–December

[3] http://goingconcern.com/post/new–ey–50–billion–revenue–goal–squishy–independence–and–adios–ampersand [accessed 11 October 2013]

第五节　人才的培养主张

在交流中，就如在建筑中，少即是多。你必须让你的信息更简洁。你必须抛弃歧义，简化信息，如果你想保留一个持久的印象，就还要把它再简化一些。

（Al Ries 和 Jack Trqut）[1]

一、到底是怎么回事

我们已经定义、认同并清晰地表达了目标、抱负和策略，确保主张——投资回报——将它们并列在一起，对于客户和人才而言这是很重要的。

这是 P–A–S–P 模型的中心：将一个核心的想法，在人才市场和客户市场中表达出来并且融入生活中。

二、定　位

P–A–S–P 模型中使用了"主张"而不是"定位"的表达方式。这是因为一个企业在 P–A–S–P 的模式下有考虑其定位选择的机会。主张（对于人才和客户来讲）和定位可以是相同的，但它需要为每个受众所调制。

当考虑一个企业的定位时，斟酌一系列的选项是有用的。因为品牌考虑和偏好通常被认为是和理性决策相对应的感性决策，品牌定位通常被认为是理性和感性的元素和属性的混合。

根据当下的心理学研究报告（Psychology Today）[2]，人们已进行了几十年的研究：

● 核磁共振成像神经影像（MRI Neuro-imagery）表明，当评估品牌时，人们主要使用情绪（个人感觉和经验），而不是信息（品牌属性、功能和事实）

● 广告研究表明，感性反应相比广告内容而言，对购买产品有更大的影响力——对于电视广告来说影响比重是 3∶1，对于印刷广告是 2∶1

● 广告研究基金会认为，情感上的"喜爱程度"是最能预测广告是否会增加一个品牌销量的方法

● 研究表明，一个品牌的正面情绪对忠诚度的影响远远大于基于品牌属性的其他判断

观察它的一种方式是使用一个连续的方法，并认同该企业最有利的定位机会。这个定位决策必须考虑企业定位的真实性——它需要是真实的；对市场（人才、客户和股东）的相关性；及其与其他产品、服务、就业的供应商的区别。存在很多种模型，但其中最有效的那种也是最简单的。这种模型是极端的理性定位和感性定位之间简单的连续（见图3-6）。

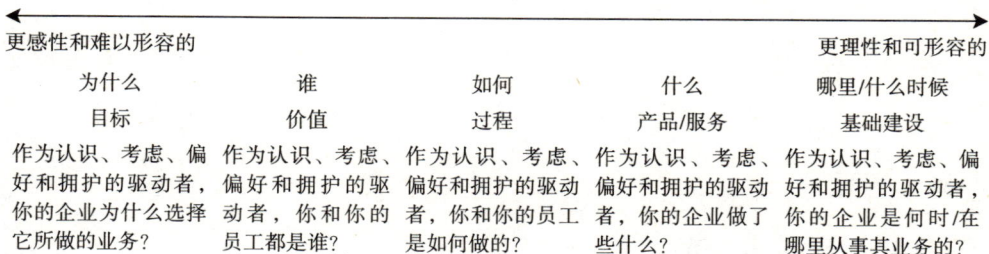

←————————————————————————————————————→

更感性和难以形容的				更理性和可形容的
为什么	谁	如何	什么	哪里/什么时候
目标	价值	过程	产品/服务	基础建设
作为认识、考虑、偏好和拥护的驱动者，你的企业为什么选择它所做的业务？	作为认识、考虑、偏好和拥护的驱动者，你和你的员工都是谁？	作为认识、考虑、偏好和拥护的驱动者，你和你的员工是如何做的？	作为认识、考虑、偏好和拥护的驱动者，你的企业做了些什么？	作为认识、考虑、偏好和拥护的驱动者，你的企业是何时/在哪里从事其业务的？

图3-6 品牌定位分析

（一）基础设施主导的定位

位置和时间可以主导定位，例如移动应急车服务、在更多场合被接受的信用卡服务以及开拓国际市场的能力。这种定位通常通过创新或大规模被建

立和保护起来。

（二）产品或服务主导的定位

该企业可以选择围绕具体的客户价值主张来定位自己。这是对商业业务方面最直接和相关的定位：最真实、最相关的产品或服务的差异化元素与其最终用户、客户或消费者的关系。这种相对传统的定位方法，在 19 世纪 40 年代，基于"独特的销售主张"（Unique Selling Proposition，USP）的概念发展而成。因为产品或服务很难复制，这种定位提供了很多好处。只要定位允许价格溢价，该产品就可以是平价的或溢价的。具有持续创新和市场领先的手机和平板电脑是一个例子，具有最低成本替代可能是另一个例子。两者都有它们各自的重要性。

（三）过程主导的定位

用一个独特的、定制的过程可以允许其差异性——产品或服务可能与竞争对手类似，但企业独特的交付方式使得其具有竞争优势，使企业产生更多利润。贸易标记的解决方案或难以复制的方法在此处奏效——例如，在国际隔夜交付类别上。

（四）价值主导的定位

企业价值和员工，可以为企业定位提供一个良好的平台，特别是在服务或专业服务部门。位置、服务和流程可能是相似的，但一种企业吸引的人以及如何交付服务是关键。

（五）目标主导的定位

弄清"为什么"企业所要做的业务，以及做什么，如何做，谁、何时以及在哪里做，可以显著驱动利益。将此作为定位的驱动者，可以获得长期利益，如在第三章第二节中讨论的那样。另外，目标也可以提出挑战，因为它是具有挑战性的，在日常生活中的产品和服务中，用来激活这里的定位。

从定位上说，在分析中没有任何地方在本质上是比其他更有利或更无利的。企业确定定位很重要，可以使其拥有最大信心，因为它平衡了真实性、相关性和差异化。在 P-A-S-P 模型中，定位可以通过主张层面日常经营中的极大关联性来表达自己——尽管它也可以被首要目标驱动。有些企业有意识地决定平衡二者，在企业层面使用较高的目标感，在市场面对的客户和人才层面采用更切实的主张——并没有混乱和冲突。当然，关键是将它们全部连接起来。

在理论上，首要的目的是提高认识和考虑，而对客户和人才更多的建议是增强其偏好。兑现这两个承诺将创造更为强烈的偏好和拥护。以这样的方式，这个模型将得以全面的使用——因此，这个策略可以使用定位和建议实现抱负（见图 3-7）。

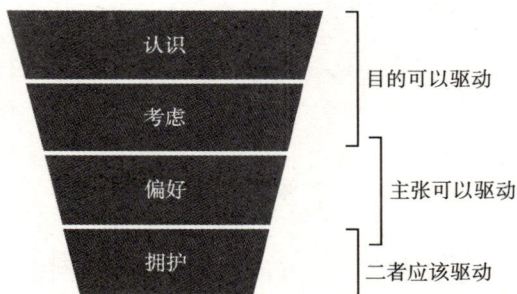

图 3-7 P-A-S-P 模型如何驱动认识、考虑、偏好和拥护

三、主 张

一旦定位被认可，它就应该为人才和客户市场提供一个清晰的路线图来发展清晰明确的主张。这些主张都基于相同的目标，并旨在为企业实现相同的抱负，并必须明确地与策略看齐。

（一）客户价值主张

我们将客户价值主张定义为：一个对品牌竞争优势定义的理性和感性方面的

陈述——是什么使它在客户心目中独一无二，并且可以简洁地表达为"差异化"或"定位"。

客户价值主张应该在与目标、抱负和策略的关系中选择和产生。

（二）就业价值主张

我们将就业价值主张定义为：对企业成为一个理想的工作场所并区别于其他企业的原因的陈述——它阐明了就业协议的"给予和获得"。当它与企业之前的、如今的、以后的员工经验无缝连接时，表现得最好。

就业价值主张应该是真实的、相关的和差异化的，而不是试图对所有人都一样。它还必须反映目标、抱负和策略，并且通过与第二章第二节中探索的员工生命周期的所有接触点和未来人才相关。

- 入门级
- 毕业生
- 有经验的员工
- 高级管理人员

它也应该与当下的员工相关，并且因此应该被整合到正在进行的人才管理和参与工作的努力中：

- 预加入经验
- 入职经验和活动
- 职业规划
- 学习和发展
- 奖励与认可（报酬、福利、奖励、激励）
- 销售和市场营销过程及培训
- 客户服务流程和培训

下一节提供了一些例子，讨论如何尝试以一个合理的、协调的、理想的、简单的方式组合这些元素。

本节注释

［1］Ries，A and Trout，J（1981）*Positioning*：*The Battle for Your Mind*，McGraw-Hill，New York

［2］Murray，P（2013）Inside the Consumer Mind：How Emotions Influence How We Buy，*Psychology Today*，*February.* 遵循 Damasio，A（2005）*Descartes，Error*：*Emotion*，*Reason and the Human Brain*，Penguin Books，Harmondsworth 的研究

第六节 影响人才培养的综合因素

你不能在森林的一角等待别人过来。有时你必须走向他们。

(A A Milen，1882~1956)

一、将 P–A–S–P 模型用于工作中

前面的章节整体概述了 P–A–S–P 模型，并且为企业如何与核心概念相结合提供了指导。

● 目标

● 抱负

● 策略

● 主张

在大多数企业中，这种实践本身可以带来重大的挑战，通常需要至少三个月，在一个更大、更复杂的国际企业时间会更久。从职能上建立一个领导小组，并进入市场是不小的壮举。但是，一旦框架被填充，这仅仅是开始。

下一个要求同样是具有挑战性的，甚至更有挑战性：让企业的每个人都有一个与传播人才或客户经历相关的角色，并在内部和外部与利益相关者进行交流，来遵循它。就像波特说的：[1] 你不说什么、不做什么比你要说什么、做什么影响还要大。这意味着，企业经常通过跨关键业务和交流流程及功能进行一个"停

止、继续/发展、开始"的实践。

二、摩擦点

实践中的关键摩擦点之一，正如你猜到的，在于品牌和营销活动之间的重叠（传统上被视为客户和外部利益相关者所面对的）和人力资源活动（传统上被视为未来和现在的人才所面对的——内部和外部的）。这往往是一种在缺乏围绕核心思想的明确性情况下，分离这些活动的文化或者是在最佳情况下，跨职能地将它们连接起来。然而，这样的活动通常解决短期品牌和人才市场营销以及短期内的交流要求。从长远来看，这种分离几乎不可避免地导致日益严重的信息碎片化——造成遗留问题，巩固观点与约束你建立和维护品牌价值的能力。

对于功能方面，这是一个困难的挑战。通常情况下，品牌和营销被视为在人才管理和员工参与中缺乏专业知识，缺乏最佳效果的技术过程。与此同时，人力资源、人才获取和管理专家经常被视为缺乏简化需要的透明度和商业实用主义的——至少综合——外部规则和战略业务驱动者。这一切往往也造成了从每个角度都挣扎着寻找共同立场的平衡。这可能导致双方的利益相关者最终结果次优化：所有的结果经常是妥协。

使情况复杂的还有，一个围绕人力资源和人才招募的行业已经成长："雇主品牌"作为一个解决方案，为人才方面提供了一个创建自己的规则集合、模型、条款与内部和外部参与努力的途径。这是一个很有吸引力和诱人的想法，因为它可以作为一个压力调节阀来缓解人力资源和市场之间的摩擦。因为变换迅速、动态的商业环境和时间压力，企业"认输"以避免冲突，从而获得手边的工作就并不令人惊叹了——从而成功、可持续地经营。

三、雇主品牌还是正确的方法吗

"雇主品牌"的方法在过去十年中是一个重要的目标，缓解功能之间的紧张关系，使企业以一个更周到和强大的方法来应对人才的吸引、招聘、参与、发展、保留和最终退出的日益严峻的挑战。并且，它仍然是重要的——基于前一节——就业（人才）价值主张与外部价值主张相并列这点非常清晰。

但招聘行业在整体上有巨大的变化——特别是招聘营销界，雇主品牌已成为一个主要的行业。残酷的现实是，移动技术、社交媒体、碎片化的媒体和所有利益相关者信息易获得转变——在这种情况下，重要的是，未来、现在和过去的人才——几乎淘汰了传统招聘营销行业。展示广告、工作板的传统校园方法不再像以前那样可行了。这些利益相关者——正如别人一样——现在有方法获取充足的资源来了解你的企业。因此，职业网站和类似于脸谱网之类网站的存在以及领英网，是至关重要的。

排除明确的、引人注目的、相关的、真实的和差异化的人才主张的重要性，它的风险是它与品牌整体连接太小或是对其了解不透彻。在某些情况下，就业主张实际上可能与客户品牌定位的关键要素相抗衡，甚至矛盾！

四、一个品牌

最终，一个企业只有一个品牌。那就是它在所有利益相关者之中的总声誉。

对于一些利益相关者——特别是那些为企业提供投资来维持自己，和那些企业需要吸引、激励和留住的人，可能信息有变化，或是在企业是什么、它应做什么、它代表什么的问题上有不同的看法。而且，尽管有某种程度的不同，例如，一个快速消费品（FMCG）公司与一家能源公司和一家专业服务公司的声誉，对所有的利益相关者来说，一定有一个总体的品牌定位。

正如有人一直是长期的从业者和雇主品牌的支持者，我认为雇主品牌的发展形成了一个完整的体系。看似不再那么"传统"的雇主品牌方法已进入主流实践，将推进品牌议程、人才议程或可持续业务增长。

帮助一些雇主品牌旗下的世界领先的跨行业公司发展和推动成功的就业价值主张，这可能是一个惊喜。然而，作为连接雇主品牌的努力和内部员工参与的努力的先驱，可以明显看到，"山寨产业"的雇主品牌如今在损害品牌资产，因为它在不同的人才市场创造认知和分化。一次又一次，我们看到了 XYZ 作为内部交流、员工参与和招聘营销的例子被列举。

这种情况必须立即停止。总之，我们需要停止考虑将"品牌"作为营销的重点和将"雇主品牌"作为人力资源和人才的优先级。它们是同等重要的，需要被同等对待，它不应该像它通常看起来的那样，是一个焦躁的集合。

就业价值主张和消费者与企业品牌的并列程度应该被讨论。例如，你不会梦想将一个快速消费品企业销售口香糖的就业价值主张和产品品牌主张相连。然而，你肯定希望产品主张是支持公司目标、抱负、策略和定位的。而且，你会希望就业价值主张与同一件事并列。对于一个服务性企业来说——无论是在酒店还是在专业服务中——与就业价值主张紧密结合甚至会更为重要，因为品牌体验是由人们提供和传播的。

从相反的角度看，对于一个依赖员工提供品牌体验在人才市场上享有完全不同的价值、属性和进行交流的公司，这该有多奇怪？

结论是，是时候重新思考为作为独立活动的雇主品牌而非客户品牌提供资源了。创造一个有影响力的可以驱动短期、中期和长期雇用媒体（营销和交流）活动的就业价值主张，由于职能存储的原因，许多人可能会说是"竞争品牌"。你希望你的雇主品牌被放到你的企业品牌中；作为雇主，你的声誉应该是企业声誉的核心要素——而不是一个单独的属性集合。

简而言之：你有一个品牌。你所拥有的未来的、现在的和过去的人才是一组利益相关者，对于你的客户受众而言具有不同程度的重要性。尽管你很想要为受众调整信息和参与方法，但为客户和人才受众发展独立的品牌定位和不同品牌的资产效率非常低。品牌较少的话，成本不会那么高，而且比多品牌建立和维护更为高效。

换句话说，也许是时间来个急转弯（Zag）类型的改变了，尽管其他人都在进行"之"字形（Zigs）转弯。

五、整体的方法

如果你对市场整体化的看法有任何疑问，可以考虑这一观点。一个由英国广告协会（ISBA）发起的 Jonathan Lace [2] 教授开展的调查发现：

● 平均每个客户联系 7 个不同的机构

● 1/10 的客户联系 11 个甚至更多的机构

● 1/3 的受访客户认为他们的外部资源结构是由独立板块思维决定

● 甚至更多的客户相信他们的外部资源是由独立板块的活动所决定的

● 通常，每一个机构/准则都不确定别人在做什么

在 Flock Associates [3] 开展的对全球 46 个国家的调查中：

● 70%的人说如果他们的活动被更好地整合，他们会得到比 10%更多的营销投资回报

● 31%的人说如果他们的计划被更好地整合，他们将获得比 20%更多的营销投资回报

● 64%的人说他们的中介不擅长为客户合作提高生产效率

六、网络分析

另一个有趣翔实的观点表明，孤岛时代需要崩溃的概念着眼于企业内部和不

同的社会倾听平台之间的外部/社会网络分析工作。网络分析描述了企业内部和企业之间的社会和技术资源，价值网络中的节点代表人（或角色）。这些节点通过相互作用而彼此连接，代表有形和无形的可交付物。这些成果以知识或/及其他无形的财务价值形式交付。价值网络表现出相互依赖的特点。它们体现了产品和服务的整体价值。公司有内部和外部价值网络之分。[4]

在这个只能被描述为不太令人震惊的真相启示中，这些研究表明，企业内外的人倾向于在直接技能或专业知识的专业领域有定期联系和深厚的工作关系。事实上，在联系不太明显的产业的人们身上（记得我们讨论过的多样性吗），经营、创新和参与都是阻碍。[5] 以我的个人经历举一个例子，在专业协会里面，当他们太过于专注内在，只谈能力和实践产品的方法——脑部手术或员工交流——时，他们切断了推动创新需要的外部视角和多样性。可悲的是，在员工交流的舞台，这个情况已超过十年了——少有创新和对现有方法的"最佳实践"的改进。[6]

到现在，你对 P–A–S–P 模型的理解表明它的力量在于它综合性的本质。如果正确发展，它应该使得品牌/营销和人力资源/人才空间之间"流氓式"的交流难以解释，因为它们都有与目标、抱负和策略一致的明确的建议（见图 3–8）。

目标 你为什么存在？	抱负 你致力于实现 什么目标？	策略 你计划到达 哪里？	主张 你如何最好地 表达它？
标题： 简洁的 5 个字的版本	标题： 3（+/–2）个目标—— 财务的或是其他的	标题： 3（+/–2）个活动—— 与经营相关	标题： 简洁的 5~10 个字的 版本
电梯游说： 100 字的版本	电梯游说： 20~30 字的版本	电梯游说： 30~100 字的版本	电梯游说： 100 字的版本
深入挖掘： 只要是你和你的受众 感觉有趣和有用的	深入挖掘： 只要是你和你的受众 感觉有趣和有用的	深入挖掘： 只要是你和你的受众 感觉有趣和有用的	深入挖掘： 只要是你和你的受众 感觉有趣和有用的

图 3–8 P–A–S–P 模型

正如你可以想象的，改变一小部分的目标、抱负、策略或主张将迫使模型的其他部分发生改变——它是一个自适应系统。因此，如果该战略被修改，以确保

"这部分的最佳人才的吸引力和发展"，那么：

● 抱负可能需要修改以反映成为最佳雇主的愿望

● 就业价值主张将需要确认，只有一流的人才是合适的

● 目标将需要被考虑到其吸引力中

将 P-A-S-P 模型作为一个整合的移动部分来操作的好处是，它迫使管理人员和领导者确保企业的利益和目标——不是其中的特定元素——是决策的核心。

虽然这个例子（见图 3-9）中的所有企业并不是都使用这个模型，我改造它们的模型，包括用公开的可用信息去说明改进后会产生什么结果。

七、它适用于每个功能

尽管我们已经把重点放在最明显的功能定位问题上——营销和人力资源——但同样适用于其他职能的业务。特别是，金融、企业责任和供应链也必须与 P-A-S-P 模型一致，为了确保你说的话总能体现在你所做的事情上（见表 3-3）。

八、检验这个方法

如果遵照了通过 P-A-S-P 模型引出的整个过程，"测试"交流和过程是否与作为一个核心平台的这个过程相连应该是相当容易的——在整体中或是在个别元素中。你会发现：

● 内部领导、管理和员工洞察力

● 客户和其他利益相关者的见解

● 审核自己的交流系统——内部和外部的信息和渠道

● 对客户和人才市场的竞争分析

● 已经通过测试的目的、抱负、策略和主张，在理想的情况下，与这些利

	目标 你为什么存在?	抱负 你想要实现什么?	策略 你计划到达哪里?	建议 你如何最好地表达它?
IBM	为"智慧星球"寻求解决方法	不是普遍的——然而: ●提高每年的总利润	关注8~10个市场，数据是客户需求的核心——驱动发展、管理风险、优化经营	客户: 让我们建立一个"智慧星球" 人才: 帮助我们建立一个更智能的星球
亚马逊 (Amazon)	我们力图成为世界上最以客户为主的企业	不是普遍的——然而: ●成为四个主要的客户集体的首选: 消费者，卖家，企业和内容的创造者	对顾客服务的不懈关注 ●强调长期 ●大胆投资 ●未来现金流最大化 ●通过股票期权的现金补偿	客户: 以客户为中心 人才: 工作努力，有乐趣，创造历史 (你必须以主人的思维思考，并一定要是主人)
安永 (EY)	建造更好的工作环境	●收入目标 ●最好的品牌 ●市场份额目标 ●雇主选择 ●收入	对市场的不懈关注 ●表现最好的团队 ●加强全球的，授权地方的	客户: 来自表现良好的团队的特殊的顾客服务 人才: 无论你何时加入，停留多久，在安永的独特经历将会伴随你的一生
强生 (Johnson & Johnson)	同时关怀世界和每个人	强生的信条	通过创新产生价值 ●通过关注本地，拓展我们的全球范围 ●优秀地执行每件事 ●使命: 连接，塑形，领导，交付	客户: 同时关注一个人，我们帮助全球数十亿的人更长寿，更健康，更幸福 人才: 每一项发明，每一个产品，以及每一个对人类健康和福祉的突破都是由人提供动力的

图3-9 一些例子

表3-3 与 P-A-S-P 一致的例子

功能	过程/政策/话题	一致性
人才获取	雇用价值主张	● 明确地与目标相连 ● 关于如何使人才适合策略的清晰度 ● 人才如何对抱负有贡献的明确解释
人才参与	品牌参与	● 描述 P-A-S-P 模型 ● 使每个作为个体和单位相关，包括部门、职能、团队和个人 ● 将内部世界和外部世界相连接
人才管理	发展、能力、奖励和识别	● 传统的"独立"计划/方法必须与 P-A-S-P 模型保持一致 ● 能力框架和职业生涯必须被重新审视和调整到 P-A-S-P 模型
赞助	全球和当地将品牌与第三方连接的努力	● 赞助必须符合 P-A-S-P 评价 ● 可能需要停止和启动其他工作
企业社会责任/CSR	工作场所、市场、社区和环境活动	● 不明确 P-A-S-P 模型的活动应该被重新评估并可能停止 ● 所有活动必须明确地与 P-A-S-P 模型相一致
战略投资和获取	获得、变换、剥离的业务	● P-A-S-P 中任何操作必须保持在该模型框架中
产品和服务	面对市场的产生收入的活动	● 现存的服务应该与 P-A-S-P 模型一致 ● P-A-S-P 应该作为服务和产品创新的驱动者
环境/设备	办公室、零售空间	● 人才、客户和利益相关者接触点应该代表 P-A-S-P 模型
供应商/供应链	谁提供服务来帮助运营企业	● 供应商应审查它们的 P-A-S-P 模型定位和适合性
财务	投资管理、投资指导、借贷	● P-A-S-P 模型应该作为对 BAU 和其他关键财务决定和实践的指导

益相关者共同创造

● 核心信息框架，包括需要你的关键组成团队相信的证明点和理由

● 客户和就业价值主张中反映的定位决策

任何现有的或新的交流或过程应该是衡量 P-A-S-P 模型，并与之相一致的。如果没有合适的或差强人意的并列方式，是否继续进行交流就应该被认真讨论。

九、小 结

与任何模型一样，P-A-S-P 模型只是和它的参与者一样好，所有的参与者都试图达到对企业最好的结果。在我们的经验中，这个模型被证明是非常宝贵的，

作为一个对话和辩论的框架，一个对现存思想的"中性术语"（Terminology Neutral）的集合与获得领导、管理、员工和利益相关者认可的方法一样强大，与重要的战略更新或重新定位实践相关。

它也可以作为一个强大的指导原则，以确保企业变革和转化工作的清晰度和一致性。它可以帮助定义什么应该留下，什么应该离开，什么应该被重新评估。

当然，在快速移动的、总是处动态的、不可预测的全球经济中，每个企业中的每个人都应该是有价值的。

本节注释

［1］Porter，M（1996）What Is Strategy?，*Harvard Business Review*，November-December

［2］For More Details on the ISBA Research，参见 http：//www.advertising-research.com/smcrindex.htm［accessed 11 October 2013］

［3］Flock 是一家专门帮助顾客进行整合营销的机构——参见 http：//www.flock-associates.com［accessed 11 October 2013］

［4］http：//en.wikipedia.org/wiki/Value_network［accessed 11 October 2013］

［5］Stabell，C and Fjeldstad，φ（1998）Configuring Value for Competitive Advantage：on Chains，Shops，and Networks，Strategic Management Journal，May

［6］一个对于北美、欧洲和亚洲的协会产业的粗略的定性分析表明，围绕内部交流、员工参与、品牌参与和雇主品牌等方面的发言、展示和核心主题自1999 年以来，几乎没有改变。唯一潜在的例外（在很多情况下，可以投机取巧地说）是雇主品牌和内部员工参与的联系

品牌与人才
——**Mark Weinberger**

　　Mark Weinberger 在 2013 年 7 月成为安永（EY）全球董事长兼任专业服务组织的首席执行官。Weinberger 自 2008 年以来已是全球高管中的一员，处于安永（EY）的最高管理机构。

　　安永（EY）在全球雇用了超过 17.5 万名员工。Mark 和全球高管中的其他成员最近一起参与到组织中去更新其 "2020 年愿景" 的目的、理想、战略和定位。

　　Mark 于 1987 年在安永（EY）美国国家税务实践部门（US National Tax Practice）开始他的职业生涯。几年之后，他将注意力转向了公共部门，接受了作为参议员 John C Danforth（R-Missouri）首席税收和预算顾问一职。随后他被任命为美国总统比尔·克林顿（Bill Clinton）1994 年福利和税制改革的幕僚。在克林顿总统任职期间，Weinberger 也在美国社会安全顾问委员会（US Social Security Advisory Board）任职。在这些职位角色中他培养了对大预算、税收和福利更浓厚的兴趣，且作为在税收政策方面国家权威人士的一员享有盛誉。

　　Weinberger 在 1996 年与人共同创立了华盛顿法律顾问，一家基于提供法律和立法咨询的华盛顿公司，这家公司后来并入安永（EY），目前作为安永（EY）华盛顿委员会运营。随后 Weinberger 成为安永（EY）美国国家税务实践部门的负责人。

　　Mark 在 2001 年回到公共服务部，当时他被乔治·布什（George W Bush）总统任命为美国财政部国务卿助理（税收政策），2003 年后他又再次加入安永（EY）。

作为一名首席执行官，当谈到你的员工和人才议程时，对你来说什么是最重要的？你面临的巨大挑战是什么？你认为机遇是什么？

我们的业务都是与人有关的，因为我们为客户所提供的是技能、知识和员工的正直。所以在安永（EY）我们花了很多时间思考如何吸引优秀人才，如何培养他们——塑造他们的技能和知识——如何把员工凝聚在一个高效率的团队中。团队合作是非常重要的，因为客户带给我们的是非常复杂的挑战，没有一个人能够独立解决。最好的解决方案是通过结合合适的人，他们能从很多不同的角度看待这些挑战。激励人才和文化有关，我们努力创建一种包容性的文化，这种文化可以从实质上帮助我们在各色各样的人之间相互促进产生最好的结果。

对我们来说最大的挑战是可以追溯到业务的本质。我们是一个组织，在这个组织中我们所有的员工早起晚归。我们的组织必须是他们早上起床想来与回家后第二天想来的地方。因为我们雇用的人具有高品质，他们离开后或在别处找工作不存在任何困难。因此我们努力吸引和激励我们的员工。这是我们动力的很大一部分，"为实现我们的目标，建设一个更好的工作世界"，这成为了安永（EY）的品牌口号。它对于人们理解自己的行为是影响深远的和重要的这一点是非常重要的。

我们也尽全力去保证我们员工所花费的时间，有利于他们的学习、体验和铸就个人品牌，这对我们的年轻人特别重要——安永（EY）员工的平均年龄大约是28岁——因此从这个层面来说，我们是一个年轻的组织。

从机会来看，当我们把员工的一切都准备好的时候，他们变得对我们的客户更有价值。而且，即使他们最终离开我们，我们已经创建了倡导者——安永（EY）的大使。我们的已离职员工，在世界各地有近100万人，他们在继续做着伟大的事情。有时他们甚至再次回来与我们合作，把自己在外面的经验带给我们。我就是一个典型的例子——我三次离开安永（EY），又四次加入安永（EY）。

是的，这就说到你的雇主价值主张，我认为它是独特的，它公开承认终有一天员工想离开安永（EY）。这就是"无论你何时加入，停留多久，在安永（EY）的独特经历将会伴随你的一生"。你是怎么想出这个主张来的？

我们讨论了很长一段时间，它不再是凭空设想，而是承认我们业务的一些现实，我们想在这里一起工作的人以及工作环境方式正在发生着变化。

从员工与人才的角度来看，安永（EY）是世界上伟大的发展机器之一——找不出更好的词来形容。所以我们已经开始思考在那些术语上的价值主张。如果你加入安永（EY），你的职业和个人品牌将被抛光。相较于如果你没有在这里工作，这将是更好的。我们将会给你在世界上最好最大的公司工作的机会，我们将会给你最好的培训和优秀的导师。

当你离开时，你成为我们100万名已离职员工中的一员，服务于行业、政府或学术界，我们希望你成为安永（EY）大家庭的使者，并凭着在安永的经验在新的角色中表现得更好。

我相信今天的年轻人——也许一直都是——选择为组织工作，是因为他们想要具有更好的经验，包括专业方面和个人方面。更进一步说，他们想要为社会做贡献，他们想要为他们所信任的有目的的组织工作。

关于年轻人的兴趣对世界的贡献，你也谈到了安永（EY）的目的——你能扩充它吗？当谈及吸引、保留和动机时，是什么样的一个目的对作为一位领导者的你来说如此重要？

在我们公司工作的员工是一个非常多样化的群体，但他们倾向于共有一些重要特征——好奇，有强烈的求知欲，他们想了解大局以及细节，并在此情境下看懂一切。所以当我们谈论安永（EY）在做什么，在一个层面上我们是向我们的客户提供服务——我们对公司进行审计，帮助它们交税、交易，改善业绩。这里有我们与员工一起做的，就培训等而言，还有单独的和团体的活动，如帮助我们的社区。所有的一切都非常好，它涵盖了我们每天做的事情。但它没有解释为什么——我们做这些事情的原因。

我们致力于创造"2020 愿景"，尽管，安永（EY）的目的变得很清楚，虽然我们从没把它写下来，但它一直在那里。我们一直有强烈的义务来履行，且人们信任我们所做的一切能够实现品质与卓越。如果你退一步，看看我们所做的一切，对客户、对彼此、对我们的社区来说，这实际上全部都回归到"创建一个更好的工作世界"的想法中去。它用一个非常积极、鼓舞人心的方式，为我们提供了我们所做事情的动力。因为我们的员工不仅想知道事情的来龙去脉，而且他们想要致力于做一些善事。

每一天，每一位安永（EY）人都是创建更美好工作世界的一分子——为他们的客户、家庭、社区和他们自己。我们相信他们所做的每一件事——每一次审计，每一次纳税申报，每一个咨询的机会，每一次与客户或同事交流——都应当使工作世界比以往更美好。

这是一个简单但却有力的想法——它能够从小处开始。我们可以从员工和客户那里得到很好的反馈。当你提供来龙去脉，它可以充当一个伟大的动力。当你深夜在办公室工作忙于一个项目时，当你想起宏大远景时事情就会容易很多。

关于更鼓舞人心的目的，这些目的能真正谈及更多开明的利己主义世界观，而不是更多锋芒毕露的业务视角，你的观点是什么？

我同意你的观点，即我们的目的是鼓舞人心的，这是重要的。为我们工作的员工确实是真正想做善事，帮助他们的客户以及满足自我需求。

我们的目标是非常重要的，但它不是一切。我们也有野心，这就是难度优势发挥作用的地方。有目的给我们能量。清楚我们的野心有助于将能量转化为结果。我们的目标明确了我们作为一个组织存在的原因，我们的抱负提出了我们想要实现的目标。这两点相互交织：实现我们的野心有助于我们实现目标，目标也融入野心之中。

我们的抱负是到 2020 年成为一个 500 亿美元的特殊专业服务组织，拥有最好的品牌，在我们所选择的服务中占据第一或第二的市场份额，以及领先的业绩增长和竞争份额，与我们的利益相关者形成牢固的关系，即成为最受青睐的雇主。

既然你已经成为主席和首席执行官，你对这个角色有哪些可供分享的见解？调整团队领导力及业务目的如何是重要和困难的？

我在工作上仍然是新手，所以对我来说尽力提供太多习得的经验教训可能有点为时过早。但我将从一般方面开始解答，然后再更具体地阐述。首先，我想说你选择了一个合适的词去调整。安永（EY）是由 17.5 万位聪明的、有才华的员工组成，所以我认为领导力在这里主要是让他们朝着同一个方向前进，然后让他们搞清楚这些事情——因为他们会想出正确的答案。

其次，就帮助客户解决他们的挑战而言，我们需要的团队合作和我们谈及的管理业务同等重要。我知道我没有所有的答案——但我知道，我有一个优秀的领导团队，且我们将共同提出正确的解决方案。

专门讨论围绕我们的目的调整安永（EY），我必须说，有时一个想法足够强，你所能做的就是把它付诸实施，且人们急于围绕这个想法调整自己。建设一个更好的工作世界就像这样的想法——这对安永（EY）来说是如此的真实以至于人们在其正式宣布前并开始运营。所以我想说在这种情况下，尽管人们根据我们的目的调整是重要的，很多原因我们前面已经讲过了，在这个例子中我们一直都是幸运的，它一点儿也不困难。我认为我的角色在领导团队中的作用，仅仅是提供一些指导——在一个像安永（EY）这样的全球化组织中，你只是想帮助我们确保在世界各地谈论同一件事情。

你怎样描述品牌管理和人才管理是如何相互影响并相互作用的？

对安永（EY）来说，我们的员工就是我们的品牌——这不是"品牌管理"和"人才管理"的相互作用——坦白来讲，对我们来说，它们实际上是一回事儿。我们有 17.5 万名员工，超过 100 万名前员工是我们的品牌大使。他们是我们的客户、社区和更广泛世界所能看到的他们在安永（EY）工作时的样子。我们的员工定义我们自己。

品牌与目标
——**Michael Sneed**

　　Michael Sneed 领导着强生（Johnson & Johnson）的全球企业事务，覆盖 275
家运营公司，遍布 60 多个国家，员工 12.8 万人。强生公司是仅有的少数经过一
个多世纪的变化并发展繁荣的公司之一。

　　公司以其分散的操作模式及其长期坚持成为强生信条（Credo）的工作方式
而闻名。1932 年至 1963 年期间时任主席的 Robert Wood Johnson 在 1943 年精心
确立这个信条，之前从未有人听说过"企业社会责任"这个词。

**　　你已经在强生度过了全部的职业生涯，且已在多个公司、部门和地区
间转移。关于如何努力在一个充满各类人员、产品、服务和区域中保持品
牌和声誉，你一定有独到的见解。**

　　我一直告诉别人我的想法可能很有偏差，因为我的整个职业生涯一直是在强
生。我一开始是在强生公司的营销组织，然后进入我们的非处方药医疗公司。我
做了一段时间的业务开发，然后在非处方药业务中大约工作了三年。此后，我调
入综合管理部，经营我们在欧洲后来发展至全球的营养业务。回到美国后，我负
责监督北美消费者业务，然后调入医疗设备部门，在我们的全球视野保健业务中
工作了五年。

　　我一直在从事全球企业事务（从公司的角度），这实际上是几个企业范围功
能的投资组合，比如通信、全球营销、企业股权和慈善事业。所以，我在产品营
销和品牌营销方面，以及我们所说的公司"信任商标"（Trust Mark）方面有相当

好的感觉，同样也包括企业品牌和产品品牌方面。

什么是确保你在市场中建立、维护和保护企业信任商标以及你渴望建立一个引人注目的、差异化的人才品牌之间的最大障碍和挑战？

我不认为二者存在冲突，特别是当它涉及强生时。一部分是从企业文化的角度开始的，我们总是倾向于被我们的价值观和价值宣言所引导。这真正能渗透到我们所做的一切，它根据不同的受众或利益相关者进行不同的呈现，但它们彼此又非常同步。

一个公司品牌的发展有两部分。80%的部分是关于"声誉"的问题。声誉和你所做的一切事情有关。它无法被管理，那些认为能够管理声誉的人总在错误的事情上忙碌着。

声誉是个人许多行为在很长一段时间内的总和，且实体或公司都维护着声誉。

还有剩下的20%，我想讨论的是真正的股权建设或品牌建设以及能够管理的部分。那是品牌权益前瞻性的一部分，你能够确保它通过广告、媒体及不同利益相关者在外部市场进行扩展。这是你想讲述的故事。

但是，至少对我来说，我总是谨慎地理解为到目前为止只能进行到这个地步，且它有助于你作为谈话的一部分，这在环境中是很重要的。但它不是，也并不被设计用来掩盖其他全部声誉方面的事情，这是由行为驱动的。

现在看到如何协商品牌或人员，这是我们所要表达的价值的反映。不管是否有权益广告或如果是一份招聘材料，它对我们来说都处在同一个地方。我的团队在招聘人员方面工作做得非常好，因为我们发展公司所有的品牌方面的材料实际上也同样用于招聘。因此他们和企业品牌是同步的。他们意识到创造不同的职位或与专利、企业品牌发展方向不同的员工、子品牌是几乎没有价值的。我从来没有看到过这两件事实际上是相互矛盾的。

你如何表达和试图让你的员工及候选人在日常基础上参与到这些价值观和信条中？

这显然是重点。我们回到约定上，这是一个标准，我不确定很多人是否也在谈论，但我认为越来越多的公司未来将会这么做。

所以，如果你想最大限度地约定，特别是许多公司想和它们的员工在一定空间内想做的：围绕它的策略和重点是什么？具体的计划是什么？通过强生公司，我们一直给予员工高度评价，当然，正如每个公司所做的那样，但是我对员工所做的是两件事。

首先，也是最重要的，是将你的员工当成另一个组织中的关键利益相关者，就像我们考虑我们的投资者、客户、消费者、病人和医生一样。他们是利益相关者且他们需要参与讨论并成为这个讨论的一部分。

其次，我们认为他们是最重要的利益相关者。因为有趣的是，有了利益相关者的乘数效应，因你的员工而知名，相对于其他利益相关者效应也是巨大的。

首先你要有把员工当作一个关键利益相关者群体来对待的心态。接着，你要建立一个组织，完全致力于利益相关者的持续参与。这是我们在强生公司努力做的：第一，要有这种心态。第二，因缺乏一个正式的头衔，我们建立了一个组织叫作战略沟通。这个组织完全致力于每一天将我们的员工当作利益相关者来对待。这个组织的伟大之处在于它有能力运用所有必要的工具和不同的方法去做这件事。我会想到我的营销时代，在营销方面你需要不止一次地讲述你的故事。你还要持续不断地讲述它。你必须找出如何运用不同的、创造性的方式来讲述它，且你不得不运用所有你可用的渠道。

对于员工来说没有不同：你必须能够做所有这些事情。最后，我们试图真正关注的是：如果你相信你的员工是一个利益相关者，如果你相信他们是最重要的利益相关者之一，那么你必须确保给他们提供工具，以便他们实际上能够成为公司的大使。

这对我们来说已是最大的变化——不仅是我们与他们谈话，并向他们提供你期望任何一个公司提供的全部信息，但实际上我们越来越多地给他们工具，让他们能够走出去，成为公司的代表和品牌大使。且我认为这也是他们早就想做的事情和想从公司得到的事物——但直到现在我们对这个问题才有所提及。

我们并没有真正理解现在或过去意味着什么。现在我们做的以及实际上为我们的员工提供的是在推特上关于强生公司的能力。我们为他们提供实际演示的机会，如果他们参与各种俱乐部和组织的话，也可以谈论公司。我们试图让他们尽可能容易地去做。我们有一个为员工建立的资源库，帮助他们去获得组织内部不同主题的信息。

我们努力让他们尽可能容易地成为大使。所以，我认为我们今天做了我们18个月前没有做的事。

你曾见证过一个因此而发生的重大改变吗？

有一个好消息：我们已经看到了一个真正参与水平的上升。我们做了一份新鲜出炉的调查，调查的年终数据显示它显著高于前一年。2012年较2011年显著增长，当然我们2013年也会看到同样类型的增长。

许多组织都有各种复杂的愿景、使命和价值观，接着你突然有一个营销计划。你如何处理这种空中交通管制和"噪声管理"？

你说的是完全正确的，在一个如强生这样的公司里，让它更加困难的原因是我们是一个非常分散的公司。我们在世界各地经营着超过275家不同的公司，如果你是这里的一名员工，你会被淹没在所有的信息里，且在某种程度上它只是一种噪声。作为一位曾在很多运营公司工作过的人，我可以告诉你过去的确是这样的。我们认识到——且与强生的其他文化现实情况一样，这是一种一流的自下而上的组织形式。

所以我们不太愿意从顶部决定某事，因为第一，我们可能经常是错误的；第二，很多公司无论如何也不听我们的。

我们非常不愿意下命令或最后通牒。所以，我们做了几件事。第一，我们接触最高领导人并理解他们从公司需要得到什么。

实际上我们的领导人说，"看，我们需要某种形式的总体框架，因为就我们想投入的资源和传达的信息来说，实质上它会帮助我们更有效率地实现"。

我们过去听到他们说，这个世界已变得如此复杂以至于意识到自己的低效，更重要的是，以后也不能提高效率。这为我们打开了一扇门，不再是规定性的，而是提供一个他们想要如何布局业务的框架，我们希望确立的一套价值观以及想使用的语言。我们说，"看，我们认为这些对强生公司是通用的，不管你业务所在的位置或者部门。我们认为它们需要成为的方式具有战略性，且它们也为你（如果你有需要的话）的调整提供了充足的空间，但这需要在此框架内完成"。

鉴于此，我们第一次有了企业战略的叙述。这个叙述陈述了许多关于作为一个企业我们的愿景是什么的很多细节。

一切始于我们的信条，因此我们的信条始终是至高无上的。

第二，我们的愿景是什么？

第三，我们的战略准则是什么？我们如何长期在企业内管理组织？

接着我们迈出了史无前例的一步，即"我们的增长动力是什么"。这是组织的关注点，因为每一个组织都和增长有关。有四个我们想要的增长动力，我们希望作为领导者、企业和部门能够关注。

这为人们提供了大量的清晰度。我们开始获得真正有助于领导者的反馈。

无论你在组织的哪个位置，他们实际使用我们确定的语言，他们通过这些增长动力看待自己业务的方式。他们显然投票支持他们的时间和精力，并说，"是的，这是非常合理的"。说实话，对整个企业而言，这是一种很好的融合，让他们感觉更好，信息更连通。它给了他们一个框架，使他们能够做出在自己个体经营公司内需要的这种选择和决策。

它只有一年左右的历史，且和其他事情一样，你必须持续不断地做这件事。重要的是，这件事情由我们的首席执行官开始。

在我们每一次召开的会议上，首席执行官开始谈论我们的战略叙述及框架。且他反复这样做直到人们意识到"这是我们谈论业务的方式"，且我认为人们也越来越适应这样做。接着，这就不仅来自首席执行官，也来自管理委员会，以及业务负责人，且这是持续不断的过程。但你会越来越发现组织开始向他们引入的方向调整。它不只是一个复选框，它实际上告诉我们如何更有效地经营业务。

市场和世界已经变得如此动态和复杂，以至于人们实际上迫切需要一些指导和简化。是什么样的风险，让人试图在一个如强生公司这样的组织中采取这种自上而下的方法？

当然，这有很多风险。我给你举出两大风险。一个是我们走得太远，变得太死板，这很危险，因为我们人在新泽西，所有的业务却不在新泽西。我们冒着被客户、消费者和我们的病人联系不到的风险——我们迷恋于发展和制定消息或现实世界中不存在的战略。这是第一步，我相信我们会退一步想想我们想去的地方，并小心不会再进一步走下去。

另一个风险是从声誉的角度来讲。强生公司的一个伟大之处在于它的品牌已众所周知，深得人们的信赖。从历史来看，我们已经非常谨慎地确保我们在保护品牌和嫁接品牌。如果你愿意，其他事情可能会发生在强生旗下的企业。所以，当一些不太好的事情发生在我们其中之一的运营公司中时，由于你建立法人实体的方式，这些困难往往要么是本地化的，要么是至少保持在经营公司内部的。

它几乎很少会传递到母公司。在这个世界上，我们在更大程度上竭力维护我们公司的品牌，因为我们认为它是重要的。风险在于，当你有困难时，这些困难通过某渠道能更快地传递到母公司。所以，虽然有好处，如果你在市场上做的是好的事情，你驾驭增长且取得真正的进展，当一个公司如强生公司一样跌跌撞撞发展时，你更倾向于对母公司有消极的印象，而不只是对个体运营公司。这是我们需要全力克服的事情之一，我们现在继续设法对付它。我不知道我们是否会有一个好的答案。但是，我们将继续推动自己提出刁钻的问题，并最终得出一个对强生公司有效的解决方案。

第四章

人才培养的工具箱理论

我们成为了我们所看到的。我们塑造了自己的工具，然后我们的工具又反过来塑造了我们。

（**Marshall Mcluhan**）

这部分包括一些工作表，你可以用它们来探索本书提倡的 P–A–S–P 方法的潜力。你可以随意使用这些工作表或为非商业目的（例如内部，非收费的咨询）做出修改。

练习一：价值准则

这个练习对于在高管层激发跨职能的讨论是强有力的。它很简单：

（1）每个人（或小团队）被分配假想的 100 美元，作为预算。

（2）这 100 美元代表了优先投资的水平，他们认为应该将其投资到企业的交付阶段。

（3）有三类可以投资（见下文）。

（4）挑战：你给团队（理论上的或其他的）一张 50 美元的账单和十张 5 美元的账单。你不能改变。所以你必须把一半的钱放在一个价值准则中，然后把剩余的钱分散到另外两个价值准则中。

（5）团队探讨他们的投资，然后回归到这组问题：

——我们是如何达成这个投资决定的？

——辩论的最大程度在哪儿？为什么？

——一般知识和意义是什么？

——声誉管理的含义是什么？

——我们如何吸引人才的含义是什么？

——我们如何使人才加入？留住和奖励人才的含义是什么？

投资种类

产品/服务领导力	客户/市场亲密性	经营优点/效率
投资这一类意味着，不努力专注于效率或消费者/市场洞察，而是为任何消费者或客户提供支付的最高质量水平	投资这一类意味着，努力专注于研究和创新驱动者，通过对客户和他们的市场进行广泛和深入的了解	对这一类的投资意味着，努力提高效率和产品服务的整个交付过程。它意味着减少对客户服务或洞察力的关注，以及对产品/服务与竞争对手无差异化的容忍
$	$	$

● 我们是如何达成这个投资决策的？ ● 辩论的最激烈之处在哪里？为什么？ ● 一般知识和意义是什么？	● 声誉管理的含义是什么？ ● 我们如何吸引人才的含义是什么？ ● 我们如何使人才加入，留住和奖励人才的含义是什么？

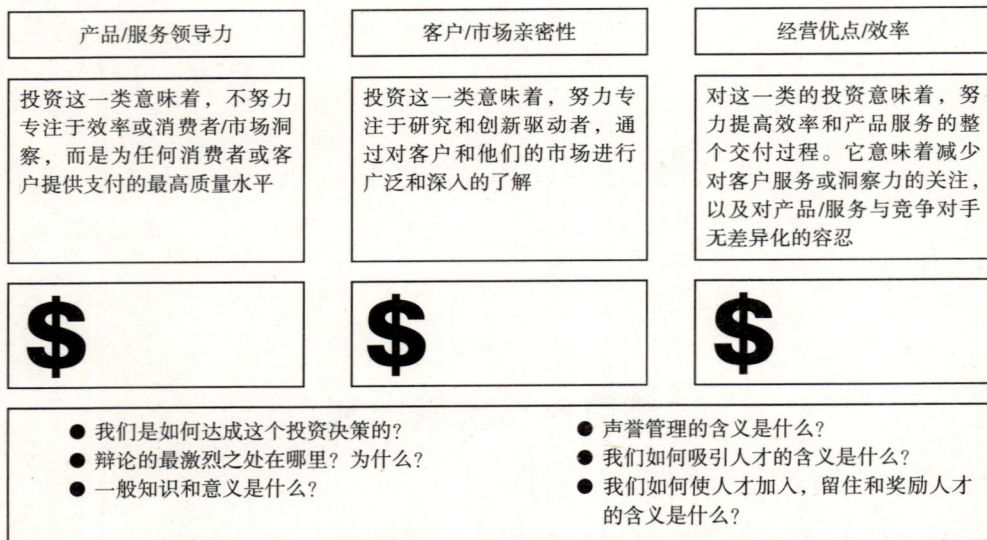

图 4-1　价值准则

类别一：产品 / 服务领导力

投资这一类意味着，不努力专注于效率或消费者/市场洞察，而是为任何消费者或客户提供支付的最高质量的水平。这就需要专注于发明、产品开发和市场开发的核心过程。一些传统属性是：[1]

● 业务结构是松散的、临时的、多变的，适应创业举措并描述未知领域的工作方向变化

● 管理系统是结果驱动的，衡量和奖励新产品的成功并且不惩罚完成目标所需要经历的过程

● 一种鼓励个人的想象、修养、跳出局限的思维能力文化，由创造未来的欲望为导向

类别二：客户 / 市场亲密性

投资这一类意味着，努力专注于研究和创新驱动者，通过对客户和他们的市场的广泛和深入的了解。这需要专注于解决方案发展的核心过程（真正帮助客户了解其所需要的）、结果管理（确保解决方案得到正确实施）和关系管理。一些典型的属性是：[2]

● 业务结构，代表为接近顾客的员工制定决策

● 面向创造精心选择和培育客户的结果的管理系统

● 包含具体而非一般的解决方案，建立深入持久的客户关系的文化

类别三：经营优点 / 效率

对这一类的投资意味着，努力提高效率和产品服务的整个交付过程。它意味着减少对客户服务或洞察力的关注，以及对产品/服务与竞争对手无差异化的容忍。这需要专注终端到终端的产品供应和基本服务的过程，优化和简化过程以尽量减少成本，并提供无忧服务的过程。一些典型的属性是：[3]

● 标准化、简化、严格控制和集中计划的经营，很少让普通雇员做出决定

● 专注综合的、可靠的、高速交易和遵守规范的管理系统

● 憎恶浪费和奖励效率的文化

练习二：定位

这个分析（见图4-2）可以通过很多方式被使用。第一种方法是确定你想让你的企业拥有的属性的总数量，然后参照这个分析评估它们来达到最佳拟合，并

识别所有明确的中心。

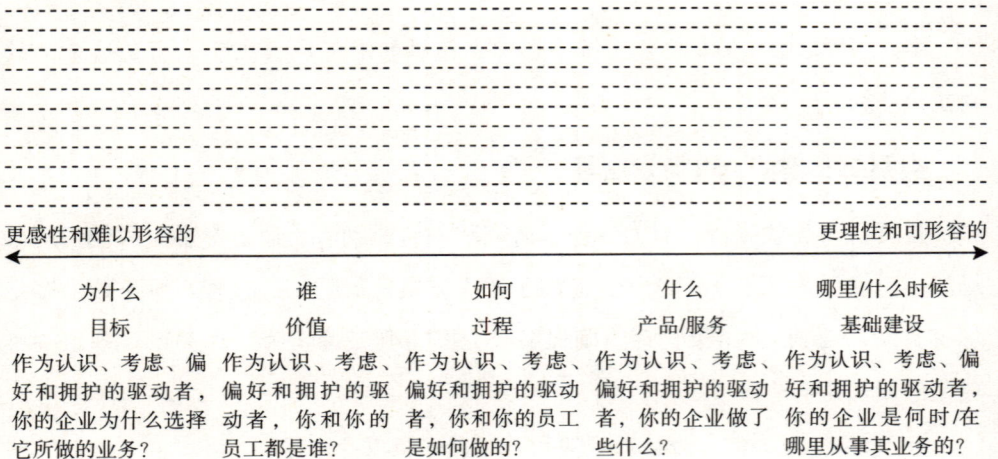

更感性和难以形容的　　　　　　　　　　　　　　　　　　　　　　　　更理性和可形容的

为什么	谁	如何	什么	哪里/什么时候
目标	价值	过程	产品/服务	基础建设
作为认识、考虑、偏好和拥护的驱动者，你的企业为什么选择它所做的业务？	作为认识、考虑、偏好和拥护的驱动者，你和你的员工都是谁？	作为认识、考虑、偏好和拥护的驱动者，你和你的员工是如何做的？	作为认识、考虑、偏好和拥护的驱动者，你的企业做了些什么？	作为认识、考虑、偏好和拥护的驱动者，你的企业是何时/在哪里从事其业务的？

图 4-2　品牌定位分析

第二种方法是使用你的主张或假设的主张，然后参照这个分析评估它们来达到最佳拟合（与目标、抱负和策略一致）。

第三种方法是产生产品、服务、交流和其他有形的企业产出的具体例子，然后参照这个分析来看看你当下的活动将聚集到哪里（不能，或可能）。

最后，应该在基础和深刻的层次上，构建你的 P-A-S-P 模型。

练习三：目标、抱负、策略、定位

需要用本书背景下的所有工作的全部内容来填充图 4-3 中的框架。它的力量在于它的清晰度和简化。对于任何企业来说，没有唯一正确的答案；关键是要找到可以联合的元素，并清楚、连贯地说出你的故事。

目标 你为什么存在？	抱负 你致力于实现 什么目标？	策略 你计划到达 哪里？	主张 你如何最好地 表达它？
标题： 简洁的5个字的版本	标题： 3（+/-2）个目标—— 财务的或是其他的	标题： 3（+/-2）个活动—— 与经营相关	标题： 简洁的5~10个字的 版本
"电梯游说"： 100字的版本	"电梯游说"： 20~30字的版本	"电梯游说"： 30~100字的版本	"电梯游说"： 100字的版本
深入挖掘： 只要是你和你的受众 感觉有趣和有用的	深入挖掘： 只要是你和你的受众 感觉有趣和有用的	深入挖掘： 只要是你和你的受众 感觉有趣和有用的	深入挖掘： 只要是你和你的受众 感觉有趣和有用的

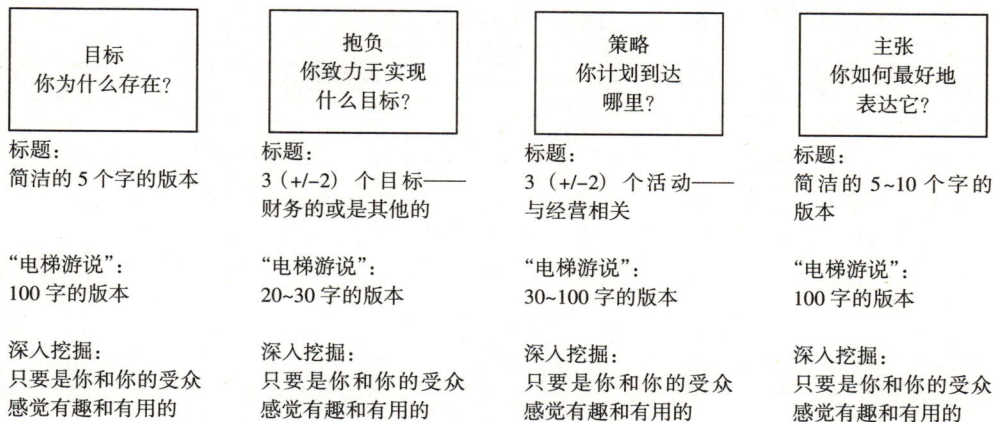

图4-3 目标、抱负、策略、主张

练习四：利益相关者

一个利益相关者的测绘实践对于任何品牌、人才或战略管理实践都是重要的。它可以是详细的，也可以是按要求的最高水平。表4-1到表4-6为利益相关者的绘图实践提供了一个简单的模板。

表4-1 利益相关者测绘——你的企业

利益相关者	描述	他们的兴趣、影响和利害关系是什么？
高层执行者和领导		
业务和员工经理		
员工——尤其是刚加入的员工（以及他们的家人、朋友）		
承包商（以及他们的家人、朋友）		
之前的员工（前同事）		
未来的（潜在）员工		

表 4-2　利益相关者测绘——第三方企业

利益相关者	描述	他们的兴趣、影响和利害关系是什么？
外包职能（人力资源、IT 等）		
供应商		
合作伙伴		
监管机构和政府及相关机构		
媒体和分析师		
非政府组织和第三方部门		

表 4-3　利益相关者测绘——更广泛的机构

利益相关者	描述	他们的兴趣、影响和利害关系是什么？
投资界		
股东/投资者		
环境和企业责任利益		
特殊利益集团		

表 4-4　利益相关者测绘——顾客/客户

利益相关者	描述	他们的兴趣、影响和利害关系是什么？
潜在顾客或客户		
现有顾客或客户		
原来的顾客或客户		

表 4-5　利益相关者测绘——竞争者

利益相关者	描述	他们的兴趣、影响和利害关系是什么？
直接/传统		
间接/非传统		
关键人才的竞争者		

表 4-6　利益相关者测绘——利益相关者

利益相关者	描述	他们的兴趣、影响和利害关系是什么？

练习五：信息框架

一旦你已经发展了你的目标、抱负、策略和主张，并确定了你的利益相关者的影响、利益和角色，你可以使用这个简单的工具（见图 4-4）来发展信息。

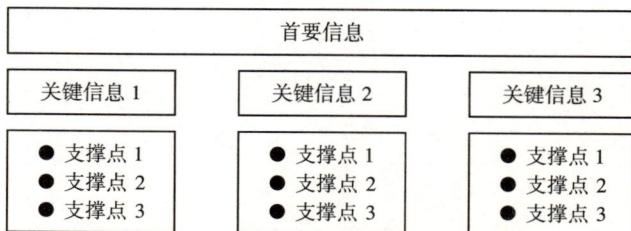

首要信息		
关键信息 1	关键信息 2	关键信息 3
● 支撑点 1 ● 支撑点 2 ● 支撑点 3	● 支撑点 1 ● 支撑点 2 ● 支撑点 3	● 支撑点 1 ● 支撑点 2 ● 支撑点 3

图 4-4　空白的信息框架

通常，企业有一个单一的信息"主集"，并且通常开发特定的受众子集。当然，关键是要确保消息一致。一个首要关键信息的子集必须显性地锁定于该首要信息中——在许多情况下，甚至应该是相同的。

然后，定义关键的支撑信息是重要的，并开始填充原因以验证每一个点。在理想情况下，对每个支撑信息，应该至少有三个相关的支撑点。

信息框架是一个指南，特别是对什么是传达主题或机会的最佳方式有疑问的时候。

练习六：整合在一起

最后的分析需要做一个战略评估，确保你的目标、抱负、策略和主张：

（1）与你的价值一致并能反映你的价值。

（2）是真实的，与所有利益相关者相关——在业务和人才方面，并区别于你的竞争对手。

（3）为每一个以可衡量的方式推动拥护的受众提供明确的路标、证据和号召行动（见图 4-5）。

驱动拥护　　　　驱动拥护

人才参与

你是如何在过去的、
当下的和未来的员
工中建立拥护的?

目标
抱负
策略
主张

顾客参与

你是如何在过去的、
当下的和未来的内
部利益相关者中建
立拥护的?

驱动拥护

"产业生态"系统参与
你是如何在其他利益相关者——
机构、供应商、政府、学术机
构、非政府组织、投资者等中建
立拥护的?

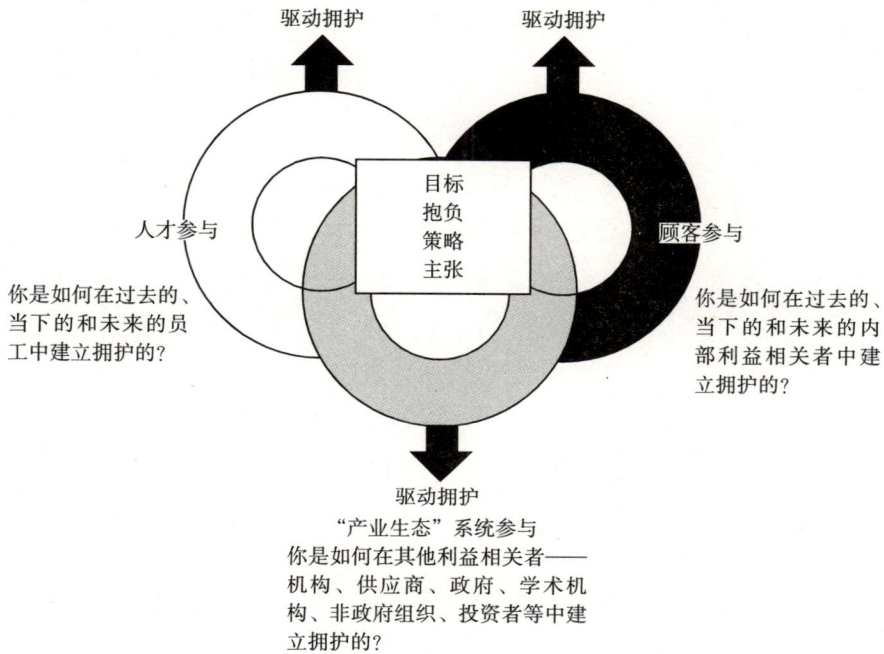

图 4-5　掌握 P-A-S-P 模型

本节注释

［1］［2］［3］Treacy, M and Wiersema, F（1995）*The Discipline of Market Leaders*, Addison-Wesley, Wokingham

品牌与人才相关词汇

抱负（Ambition）：一份描述业务发展方向、努力实现目标的声明。

品牌（Brand）：别人对你的组织所认知、感觉和信任的总价值。

品牌架构（Brand Architecture）：公司内部相关的、区别于其他投资组合品牌的表现方式（这有助于利益相关者确定公司股份）。它与产品和服务的命名以及赞助与其他有关的内外部交流活动/流程有关。

品牌属性（Brand Attributes）：组织外部的人员愿意（或应当）运用的描述组织的期望词语。

品牌参与（Brand Engagement）：广泛来讲，是指如何将人们的感受与你的品牌相联系。品牌参与是指你的员工和其他利益相关者如何能较好地与品牌相联系，并乐意去为你的产品和服务做进一步的宣传（或谅解）。

品牌价值（Brand Equiry）：衡量品牌金融或其他方面的价值及其市场存在和偏好。

品牌识别（Brand Identity）：品牌向其利益相关者呈现的看得见的方式，包括名称、商标、设计、色彩和语言，这些都是独特的和自有的。

客户互动（Customer Engagement）：客户热情度及对品牌/组织积极支持和宣传的水平。

客户价值主张（Customer Value Proposition）：定义品牌竞争优势要点的说明，从生理上和情感上——什么使它在顾客心目中有独特和特殊的地位（也称为客户或外部品牌主张），可以简洁地表示为"区别"或"定位"。

员工敬业度（Employee Engagement）：员工对工作的热情、动力和宣传水平，由对工作、同事和组织的积极或消极的情感依恋程度所驱动。广泛地说，就是员工在多大程度上关心和愿意付出更多的努力去宣传（或谅解）他们的公司、同事、社区和客户。

雇主价值主张（Employer Value Proposition）：定义是什么使组织成为一个理想的工作场所，以及是什么使此组织区别于其他组织的说明——它阐释了"给予和获得"的就业协议。当员工和组织相关联的之前、期间和之后的经验无缝衔接时，它履行得最好。

内部沟通（Internal Communication）：作为一个动词，确保每一位员工能够得到他所需要的信息，能够与需要联系的人员相联系，并参与需要的双向交流，用高效的方式提供优秀的结果，在正确的时间以正确的方式将关键业务信息传授给合适员工的组织原则。作为一个名词（内部沟通），它指的是所创造的用来实现这一点的东西。当内部沟通做得好时，应该和员工敬业度几乎别无二致。

市场／营销管理（Marketing/Marketing Management）：通过影响顾客需求的水平、时间和组成部分，以及确保提供与品牌价值相一致的相关服务实现组织发展，促进市场达到最优水平的艺术与科学。它对产品、价格、定位、促销和渠道的产品/服务组合的开发与管理是有帮助的。

营销传播（Marketing Communications）：营销及营销管理的原则，创造调解信息和经验以支持遍布线上线下的相关渠道。

目标（Purpose）：一份解释商业存在和市场运营的说明。它应该弄清楚为什么世界因目的的缺失将会变得更贫困。

策略（Strategy）：一套明确的关键领域活动，该活动是组织为达到目的和抱负而制定的重点履行的、明确的、可衡量的目标（关键业绩指标，KPIs）和从战略出发实施的行动计划流程。

价值观（Values）：一组定义组织中理想工作风格的词汇，这种风格管理着在那里工作的可接受和不可接受的个体行为。

人才管理术语

吸引力（Attraction）：让合适的人愿意来为你而不是你的竞争对手工作。

品牌参与（Brand Engagement）：广泛来讲，是指如何将人们的感受与你的品牌相联系。品牌参与是指你的员工和其他利益相关者如何能较好地与品牌相联系，并乐意去为你的产品和服务做进一步的宣传（或谅解）。

雇主品牌（Employer Brand）：你作为雇主在潜在的和现有的员工及其他利益相关者之间所享有的声誉。这是他们对你的评价，而非你的自我评价。

员工历程（Employee Journey）：不管它是分解为两个还是 12 个阶段，有一个根深蒂固的概念，将经验分解到接触点。从广义上讲，思考你的参与努力如何应用到员工历程中接下来的每一个阶段，提供他所需要的洞察力、业务潜在的投资回报率和利润、最好的媒体参与和技术应用，以及需要采取的其他行动：

● 品牌（Brand）——一个人知道或通过各种接触点了解到一些你的组织信息。这些信息可能包括你的消费者/企业品牌、产品和服务的经验、口碑营销、招聘广告，或者在线体验。

● 雇主品牌（Employer Brand）——在某个阶段，员工认为你的组织是一个他们可能会喜欢工作的地方。他们寻求有关你的组织的信息——从多种渠道，其中大多数渠道是你的组织已无法控制的。

● 吸引和招聘（Attraction and Recruitment）——一个决定找到有关更多你的信息的人，并从你的组织中为自己寻求一份工作。他历经你的吸引及招聘流程，并决定加入或不加入你。

● 新员工培训和入职（Onboarding and Induction）——新加入组织并参与上岗培训的人。

● 第一个90天（First 90 Days）——员工和你的组织一起经历的最初时间，包括最初的看法、初始目标的设置、目标和期望，并形成你提供什么，他们就接受什么的愿景。

● 协议（Engagement）——员工继续（或不继续）发展他们的角色，在不同的阶段，他们考虑寻找一个不同的角色或挑战——在你的组织或其他组织内。或者，该组织考虑为一个不同的角色寻找一个自己组织或另一组织里的人。

● 离职经历（Departure Experience）——员工离开你的组织，且可能（或不可能）考虑在另一阶段重新加入，继续作为一名员工宣传你的组织、产品及服务。

敬业度（Engagement）：员工敬业度一般是指员工在多大程度上关心并愿意为他们的职业、公司、同事、社区和客户去做额外的事情。当它起作用时，员工敬业度对利益相关者清单上的每个人来说都是一件好事。员工敬业度实现在：

● 组织中的商业和文化利益

● 与利益相关者相关的个人和职业利益

疯狂（Insanity）：做同样的事情却期待不同的结果。通常在品牌和员工沟通中比较流行。或者，"如果你一直做你已经一直在做的事情，你将总会得到你总是一直得到的！"

投资回报率（ROI）：投资回报（或参与回报），你会获得比你把钱放在银行或投资于其他东西（或如果你想计算一下，让我们知道你当前的折现率）更多的收益。

（1）参与构建股东价值。明智的公司明白，它们如何吸引、参与和留住的员工对它们的业绩影响和其研发、产品、服务和营销传播的影响同等重要。在这方面做得好的公司胜过做得不好的公司。

（2）参与构建品牌资产。你的品牌和无形资产在财务总监的资产负债表中代表你组织内全部资产总数的40%~70%的价值。员工可以成全或者毁掉你的声誉。员工是你最大的资产（根据你的年度报告）。因此作为一个企业和雇主经营你的声誉是合理的，如经营重要的金融资产一样。就业空间内的外部品牌建设不再仅仅是招聘市场营销和广告，而是与市场营销、广告、公关、人力资源和内部沟通一样有关。

（3）参与促进生产效率。总会是员工付出更多的努力，其他人不会。技巧就是拥有好员工越多越好。人们不会带着"不参与"的目的加入公司。如果你投资是为了确保员工有意识、态度和工具来贡献，他们的工作将会更有效，且好员工工作时间也会更久。确保将你的雇主品牌，雇主价值主张——不管你怎样称谓——作为商业资产努力经营。确保你获得合适的员工，员工能迅速高效工作以及你不必重新经历招聘流程是非常重要的。

（4）参与改善人才吸引和留用。努力让员工参与并让他们说出心声的简单行为通常足以产生影响，甚至是愤世嫉俗。更重要的是你的员工可以作为一个业务员和一个雇主，成为你的声誉营销的一个关键渠道。它不仅是美好的——它是关于成本节约和提高效率的。如果员工成为雇主品牌大使，你可以降低招聘广告成本以及代理费用。

（5）参与对吸引并留住顾客产生影响。组织大力投资于基础设施，产品与服务开发，销售、营销和供应链，并以一定的价格将它们的产品和服务投放到市场中，此价格将产生最大利润。问题是，你可以万事俱备——但仍然可能会失去客户和市场份额。事实是，几乎所有的产品和服务，即使它们的性能和价格是完美的，糟糕的服务和人员互动——销售人员、采购商、面向消费者人员、面向客户人员和服务人员——是你声誉建立或瓦解的地方。如果你的员工友善地对待他们，消费者会愿意谅解很多。

利益相关者（Stakeholders）：根据你的目标，你的利益相关者可能不仅限于组织内的员工。通常，参与努力需要考虑其他利益相关者，他们可能会被你组织内部员工的思维和行为方式的变化所影响。

这些利益相关者包括：

你的组织中：

● 高级管理人员和领导者

- 业务和员工主管

- 员工（和他的家人与朋友）

- 承包商（和他的家人与朋友）

- 以前的员工

- 未来（潜在）的员工

其他组织：

- 外包部门（人力资源、信息技术等）

- 供应商

- 合作伙伴

- 监管机构和政府及相关机构

更广泛的社区：

- 投资社区

- 股东/投资者

- 环境和企业责任利益者

客户/消费者或客户：

- 潜在的客户或顾客

- 现有的客户或顾客

- 过去的客户或顾客

你的竞争对手：

- 直接传统的商业竞争对手

- 间接非传统的商业竞争对手

- 人才竞争的竞争对手

参考文献和推荐阅读

Aaker, D (2012 [accessed 11 October 2013]) How Red Bull Creates Brand Buzz, *Harvard Business Review Blogs* [Online] http: //blogs.hbr.org/2012/12/how−red−bull−creates−brand−buzz/

Aaker, D (2013 [accessed 11 October 2013]) Dove: The Most Impressive Brand Builder in the Last 15 Years?, *Propbet* [Online] http: //www.prophet.com/blog/aakeronbrands/138−dove

AccuraCast (2012 [accessed 11 October 2013]) LG: LG 1 Million Video Views, *Somesso* [Online] http: //www.somesso.com/casestudies/lg−l−million−video−views

Antonitto, J (2013 [accessed 11 October 2013]) Power to the People: How Kickstarter is becoming a business tool for entrepreneurs, *Bl! p*, *The Martino Flynn Blog* [Online] http: //www.martinoflynn.com/blog/2013/05/17/power−to−the−people−how−kickstarter−is−becoming−a−business−tool−for−entrepreneurs/

Aon Plc (2013 [accessed 11 October 2013]) 2013 *Trends in Global Employee Engagement*, *Consulting Performance*, *Reward & Talent* [Online] http: //www.aon.com/human−capital−consulting/thoughtleadership/talent_mgmt/2013_Trends_in_ GlobaI_Employee_Engagement.jsp

Arratia, R (2012 [accessed 11 October 2013]) Just the Facts Guide: How to choose the most sustainable products and what to ask the manufacturers, *Interface*

FLOR [Online]http：//www.interfaceflor.co.uk/webapp/wcs/stores/media/Just_the_facts_FINAL_24April2012mb.pdf

Axsium & Empathica（2012［accessed 11 October 2013］）Focusing Your Workforce on the Moment of Truth，*Axsium Group Inc* [Online] http：//cem.empathica.com/web-wp-workforce-management

Best Companies（2013［accessed 11 October 2013］）Sunday Times List 2013–25 Best Big Companies [Online] http：//www.bestcompanies.co.uk

Bi Worldwide（2012［accessed 11 October 2013］）Mobile-Based Rewards，*Bi Worldwide* [Online] http：//www.biworldwide.com/en/employeeengagement/mobile-engagementl/mobile-based-rewards

Biersma Creative（2012［accessed 11 October 2013］）Employee Engagement via Social Media Can Improve Retention，*Biersma Creative* [Online] http：//www.biersmacreative.com/social-media/employee-engagement-via-social-media-can-improve-retention/

Brand Strategy Guru（2013［accessed 11 October 2013］）Kickstarter is a Marketing Platform as well as a Fundraising One，*Blog*：*views from the world of brand and beyond* [Online] http：//brandstrategyguru.com/blog/kickstarter-is-a-marketing-platform-as-well-as-a-fundraising-one

Burton，K et al（2013）*Best-in-class Practices in Employee Communication*：*Through the lens of* 10 *global leaders*，Institute of Public Relations，Gainesville，FL，April

Cogswell Baskin，E（2012［accessed 11 October 2013］）Employee Engagement in a Social Media World，*Retailing Today* [Online] http：//retailingtoday.com/article/employee-engagement-social-media-world

Corporate Citizenship（2013［accessed 11 October 2013］）Future Business：The four mega-trends that every company needs to prepare for [Online] http：//www.corporate-citizenship.com/our-insights/future-business-the-four-mega-trends-thatevery–company–needs–to–prepare–for/

Corporate Leadership Council (2004) *Driving Performance and Retention Through Employee Engagement*, Corporate Executive Board, Washington, DC

Daye, D (2006 [accessed 11 October 2013]) History of Branding, *Branding Strategy Insider* [Online] http://www.brandingstrategyinsider.com/2006/08/history_of_bran.htm1#.UlgeDRCL3W8

de Chernatony, L, Drury, S and Segal–Horn, S (2004) Services brands' values: Internal and external corporate communication, Open Research Online, in *Academy of Marketing Conference*, Cheltenham, UK, July

de Swaan Arons, M (2011 [accessed 11 October 2013]) How brands were born: A brief history of modern marketing, *The Atlantic* [Online] http://www.the-atlantic.com/business/archive/2011/10/how –brands –were –born –a –brief –history –of –modern–marketing/246012/

Deloitte (2013 [accessed 11 October 2013]) *Human Capital Trends* 2013: *Leading Indicators* [Online] http://www.deloitte.com/assets/Dcom –UnitedStates/Lo-cal%20Assets/Documents/Consulting/us_cons_humancapitaltrends2013_040213.pdf

Design Council [accessed 11 October 2013] Innocent Drinks: Creative Culture and Strong Brand [Online] http://www.designcouncil.org.uk/Case–studies/lnnocent–Drinks/Using–recycled–packaging–material/

EEA (2011 [accessed 11 October 2013]) Companies Lacking Employee Engagement Will Face High Turnover [Online] www.enterpriseengagement.org

Elman, A and Barry, M (2012 [accessed 11 October 2013]) The Key Lessons from the Plan A Business Case, *Marks & SPencer* [Online] http://corporate.mark-sandspencer.com/documents/publications/2012/plan_a_report_2012.pdf

Empathica Inc [accessed 11 October 2013] Employee Engagement [Online] http://www.empathica.com/products–services/employee–engagement/

Facebook (2012 [accessed 11 October 2013]) *Building Brands for the Con–*

nected World 〔Online〕 https: //www.facebook –studio.com/fbassets/ resource/63/ building_brands_whitepaper.pdf

Farquhar, R, Barrie, R, Goodwin, T et al（2013〔accessed 11 October 2013〕）For the Love of Wispa: A Social Media–Driven Success Story, *Think Box* [Online] http: //www.thinkbox.tv/server/show/ConCaseStudy, 1614

Gager, S（2012〔accessed 11 October 2013〕）Why Your Employer Brand Matters, *LinkedIn Talent blog* 〔Online〕 http: //talent.linkedin.com/blog/index.php/ 2012/07/employer–brand–matters

Google+ Business 〔accessed 11 October 2013〕 Cadbury's Sweet Google+ Success, *Google + Business* 〔Online〕 http: //www.google.com/+/business/case –study/ cadbury. html

Goss, F（2013〔accessed 11 October 2013〕）Management Still the Biggest Barrier to Employee Engagement, *Voice*, *Engage for Success* 〔Online〕 http: //www. engageforsuccess, org/management –still –the –biggest –barrier –to –employee –engagement/#.UaydNmRsMwE

Haigh, D（2010〔accessed 11 October 2013〕）Connecting Brand Value, "Brand Equity" and Brand Economics, *Brand Financce* 〔Online〕 http: //brandfinance.com/knowledge_centre/whitepapers/connecting–brand–value–brand–equity–and–brand–economics

Havas Media Group（2013〔accessed 11 October 2013〕）Meaningful Brands Factsheet, Meaningful Brands Study, *Havas Media Group* 〔Online〕 http: //www. havasmedia.com/documents_library/meaningful –brands –pdfs/mb_country_factsheet_uk. pdf

Havas Media Group（2013〔accessed 11 October 2013〕）Meaningful Brands, *Meaningful Brands Study* 〔Online〕 http: //www.havasmedia.com/meaningful–brands

Heartbeats International（2010〔accessed 11 October 2013〕）Case in Point A: Dove, Campaign for Real Beauty（4Es）, *Sounds Like Branding* 〔Online〕 http: //

www.soundslikebranding.com/? p=1244

Herring, C (2009) Diversity in a company expands sales, profit and customer numbers, *American Sociological Review*, 74, pp 208–224

Huawei Technologies [accessed 11 October 2013] *HR Building & Culture Building in Huawei*, Huawei Technologies [Online] http://www.hruae.ae/hr –05/hcbh.pdf

Interbrand (2012 [accessed 11 October 2013]) Malaysia's Most Valuable Brands 2012, *Branding Studies* [Online] http://www.interbrand.com/en/ knowledge/branding–studies.aspx

Interbrand (2013 [accessed 11 October 2013]) Best Global Brands 2012, *Interbrand* [Online] http://www.interbrand.com/en/best –lobal –brands/previous –years/2012/Best–Global–Brands–2012.aspx

Interbrand (2013 [accessed 11 October 2013]) Best Retail Brands 2013, *Interbrand* [Online] http://www.interbrand.com/en/BestRetaiIBrands/2013/Best –Retail–Brands.aspx

JVST [accessed 11 October 2013] Intel Sponsors of Tomorrow Campaign: A Human Story for the Tech Giant, *JVST* [Online] http://www.jvst.us/case–study/intel–sponsors–of–tomorrow–campaign/

Kapelke, C (2013 [accessed 11 October 2013]) The Big Ideal, *ANA Magazine* [Online] http://www.jimstengel.com/pdf/The_Big_ldeal.pdf

Keohane, K (2010) *The Talent Journey: The 55–minutette guide to employee communications*, Verb Publishing, Royston, Herts

King, B (2012 [accessed 11 October 2013]) 50 Fastest Growing Brands Serve a "Higher Purpose", *Sustainable Life Media* [Online] www.sustainablebrands.com

Kiss, J (2013 [accessed 11 October 2013]) Getting to grips with social media, *On Social Media Marketing*, Guardian and Media Ltd [Online] http://www.guardian.co.uk/technology/2013/jun/03/social–media–brands–jemima–kiss

Klein, M (2011) *From Lincoln to LinkedIn: The 55-minute guide to social communication*, Verb Publishing, Royston, Herts

Kurtuldu, M (2012 [accessed 11 October 2013]) Brand New: The History of Branding, *Design Today* [Online] www.designtoday.info

Lindemann, J [accessed 11 October 2013] Brand Valuation: The Financial Value of Brands, *Brand Channel* [Online] http: /www. brandchannel.com/papers_review.asp? sp_id=357

LinkedIn (2013 [accessed 11 October 2013]) LinkedIn Employer Brand Playbook: 5 Steps to Crafting a Highly Social Talent Brand, *LinkedIn* [Online] http: //talent.linkedin.com/employerbrandbook/

Lucas, E (2013 [accessed 11 October 2013]) HR Hot Topics for 2013, *Ashridge Knowledge* [Online] http: //www.ashridge-people.org.uk/hr-hot-topics_for-2013/

MacLeod, D and Clarke, N (2009) *Engaging for Success: Enhancing Performance Through Employee Engagement*, Department for Business, Innovation and Skills, London

Mainwaring, S (2013) *CMO Vs. CSO: 8 Steps To Bridge The Divide That Could Undo Your Business*, CMO Network, Forbes.com

Marks & Spencer (2010 [accessed 11 October 2013]) Sustaining the Brand Promise, *Marketing Society* [Online] https: //www.marketingsociety.co.uk/the -library/2010-marks-spencer-sustaining-brand-promise-case-study

Marks & Spencer (2013 [accessed 11 October 2013]) [Online] http: //corporate.marksandspencer.com/

McGrory-Dixon, A (2013 [accessed 11 October 2013]) Social Media: A Tool to Boost Employee Engagement, Productivity, *Benefitspro* [Online] http: //www.benefitspro.com/2013/04/19/social-media-a-tool-to-boost-employee-engagement-p

Melcrum [accessed 11 October 2013] Inside Internal Communication: Groundbreaking Innovations for a New Future, *Meldrum* [Online] https: //www.melcrum. com/internal-communication

Meyer, R (2013 [accessed 11 October 2013]) A History of Green Brands 1960s and 1970s–Doing the Groundwork, *Fast Company*, *Mansueto Ventures* [Online] http: //www.fastcompany.com/1568686/history-green-brands-1960s-and-1970s-doing-groundwork

Millward Brown Optimor and WPP (2013 [accessed 11 October 2013]) *Brand Z™ Top* 100 *Most Valuable Global BrandS* 2013 [Online] http: //www.millward-brown.com/brandz/2013/Top100/Docs/2013_BrandZ_Top100_Report.pdf

Moreland, J (2013 [accessed 11 October 2013]) The Costs of Ignoring Employee Engagement, *Fast Company* [Online] http: //www.fastcompany.com/3009012/the-costs-of-ignoring-employee-engagement

O'Brien, J (2012 [accessed 11 October 2013]) Four Steps for Recognising Employees in a Virtual Workplace, *Bi Worldwide* [Online] http: //www, biworld-wide.co.uk/white-papers/detail/four-steps-for-recog-nising-employees-in-a-virtual-workplace

Olins, W (2002 [accessed 11 October 2013]) Corporate Identity–The Ultimate Resource, *Viewpoints* [Online] http: //www.wallyolins.com/views.htm

Paladino, J (2010 [accessed 11 October 2013]) How IBM Promotes Employee Engagement with Social Media, *Write Speak Sell* [Online] http: //writespeaksell.com/how-ibm-promotes-employee-engagement-with-social-media

Petrook, M (2009 [accessed 11 October 2013]) Half of Workers Quit Jobs due to Bad Management, *Chartered Management Institute* [Online] http: //www.man-agers.org.uk/news/half-workers-quit-jobs-due-bad-management

PwC (2013) *The Talent Challenge*: *A Time for Extraordinary Leadership*, 16th Annual Global CEO Survey, PwC, London

Quek, C (2013 [accessed 11 October 2013]) Make Your Brand Story Meaningful, *Harvard Business Review Blogs* [Online] http：//blogs.hbr.org/2013/06/make-your-brand-story-Meaningf/

Richardson，N D（2012 [accessed 11 October 2013]）A Quick History of Branding，*The Branding Spot* [Online] http：//ndrichardson.com/blog/2012/07/03/a-quick-history-of-branding/

Roth，B（2013 [accessed 11 October 2013]）Green Sells：Meaningful Brands Outperform the Stock Market，*Triple Pundit* [Online] http：//www.triplepundit.com/2013/06/green-sells-meaningful-brands-outperform-stock-market/

Ruck，K [accessed 11 October 2013] Exploring Internal Engagement：Towards Informed Employee Voice [Online] http：//www.exploringinternalcommunication.com/authors/

Rutgers Media（2009 [accessed 11 October 2013]）History of branding... The battle for Your Dollar，*Rutgers Media* [Online] http：//www.yourube.com/watch？v=X5rx4m2DL-A

Sascha（2012 [accessed 11 October 2013]）Social Media as a Brand Building Tool，*Wire GmbH* [Online] http：//www.wearewire.com/social-media-as-a-brand-building-tool/

Schept，K（2013 [accessed 11 October 2013]）BrandZ™ Top 100 Most Valuable Global Brands 2013，*Millward Brown and WPP* [Online] http：//www.millwardbrown.com/brandz/2013/Top100/Docs/2013BrandZ_Top100_Report.pdf

Schwartz，A（2013 [accessed 11 October 2013]）Businesses with a Strong Sense of Purpose Are More Successful，*Co.EXIST*，*Fast Company* [Online] http：//www.fastcoexist.com/1682123/businesses-with-a-strong-sense-of-purpose-are-more-successful

Silverman，M，Bakhshalian，E and Hillman，L（2013）*Social Media and Employee Voice：The current landscape*，Chartered Institute of Personnel and Development，London

Silverstein，B（2013［accessed 11 October 2013］）Coca-Cola Gets Personal in Europe with "Share a Coke" Campaign, *Brand Channel*［Online］http：//www. brandchannel.com/home/post/Coke-Share-Campaign-051513.aspx

Simpson，K［accessed 11 October 2013］Top 10 Branding Examples Killing It and What You Can Learn From Them, *Big Girl Branding*［Online］http：//www.big-girlbranding.com/top-10-branding-examples-killing-it-and-what-you-can-learn-from-them/

Stokes，T（2013）*Want To Know Your Secret Brand Building Weapon? Sshh, It's Your Employees*，Forrester Research

Stokes，T M，Cooperstein，D，Munchbach，C and Dernoga，M（2012）*How Social Media is Changing Brand Building*，Forrester Research

Stratmann，J（2012［accessed 11 October 2013］）Using Social Media to Improve Communications［Online］http：//www.simply-communicate.com/case-studies/case-study/using-social-media-improve-internal-communications

Tesseras，L（2013［accessed 11 October 2013］）The Best of British Brand Performers, *Marketing Week*［Online］http：//www.marketingweek.co.uk/trends/the-best-of-british-brand-performers/4006338.article

The Corporate Executive Board Company（2012）*Global Workforce Insights Quarterly Report*，Author，Arlington，VA

The Times 100 & Wilson and Wilson Publishing Ltd［accessed 11 October 2013］Building an airline through brand values：A Virgin Atlantic case study, *The Times 100 Business Case Studies*［Online］http：//businesscasestudies.co.uk/virgin-atlantic/building-an-airline-through-brand-values/the-branson-factor.html#ixzz2UgmTnzpJ

The Times 100 and Wilson and Wilson Publishing Ltd［accessed 11 October 2013］*SWOT Analysis and Sustainable Business Planning*：*An IKEA Case Study*［Online］http：//businesscasestudies.co.uk/ikea/swot-analysis-and-sustainable-business-planning/conclusion.html#axzz2ZrfuW4hw

Times Newspapers Ltd (2012 [accessed 11 October 2013]) The Sunday Times Best 100 Companies, *The Sunday Times* [Online] http：//features.thesundaytimes. co.uk/public/best100companies

Towers Watson (2013 [accessed 11 October 2013]) 2013 Towers Watson Change and Communication ROI Survey [Online] http：//www.towerswatson.com/en/ Press/2013/05/just-over-half-of-employers-using-social-media-tools-for-internal-communication

Wadee, Z (2013 [accessed 11 October 2013]) Facebook Your Boss: Using Social Media in Internal Communications, *Guardian Careers* [Online] Guardian News and Media Ltd, http：//careers.guardian.co.uk/careers-blog/facebook-employers-encourage-social-media

Wood, L (2000) Brands and brand equity: Definition and management, *Management Decision*, 38 (9), pp 662-669

Yammer [accessed 11 October 2013] [Online] https：//www.yammer.com/solutions/employee-engagement/

Zybowski, A (2013 [accessed 11 October 2013]) BrandZ™ Top 100 Most Valuable Global Brands 2013, *BrandZ and Millward Brown* [Online] http：//www. millwardbrown.com/brandz/2013/Top100/Docs/2013_BrandZ_Top100_Report.pdf